HMH

expresiones en matemáticas

Dra. Karen C. Fuson

Haz la tarea y recuerda

Grado 4

Volumen 1

This material is based upon work supported by the **National Science Foundation** under Grant Numbers ESI-9816320, REC-9806020, and RED-935373.

Any opinions, findings, and conclusions, or recommendations expressed in this material are those of the author and do not necessarily reflect the views of the National Science Foundation.

HMH

Printed in the U.S.A.

ISBN 978-1-328-52036-4

4 5 6 7 8 MP 27 26 25 24

4500883841 A B C D E F G

Nombre ______________________ Fecha ______________

Escribe el número de decenas y el número de unidades en cada número.

1. 56

   ______ Decenas

   ______ Unidades

2. 708

   ______ Decenas

   ______ Unidades

3. 6,170

   ______ Decenas

   ______ Unidades

Escribe el número de millares y el número de centenas en cada número.

4. 4,982

   ______ Millares

   ______ Centenas

5. 316

   ______ Millares

   ______ Centenas

6. 2,057

   ______ Millares

   ______ Centenas

Haz un dibujo de valor posicional para cada número usando unidades, decenas rápidas, cajas de centena y barras de millar.

7. 36

8. 510

9. 403

10. 1,072

1-1
Recuerda

Nombre ______ Fecha ______

Multiplica o divide.

1. $8 \times 3 =$ ______
2. $40 \div 4 =$ ______
3. $27 \div 9 =$ ______
4. $7 \times 6 =$ ______
5. $2 \times 8 =$ ______
6. $6 \times 5 =$ ______

Usa el diagrama para completar los ejercicios 7 a 10.

Escribe dos problemas de multiplicación relacionados con el diagrama.

7. ______
8. ______

Escribe dos problemas de división relacionados con el diagrama.

9. ______
10. ______

11. **Amplía tu razonamiento** Marcus dice que este dibujo de valor posicional representa el número 4,083. Owen dice que representa el 483. ¿Qué estudiante tiene razón? Explica el error.

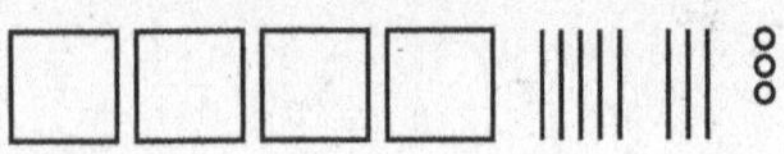

______

______

______

1-2
Haz la tarea

Nombre ______________________ Fecha ______________

Lee y escribe cada número en forma estándar.

1. 90 + 2 ________
2. 600 + 80 + 9 ________
3. 2,000 + 800 + 50 + 7 ________
4. 3,000 + 80 + 5 ________

Lee y escribe cada número de forma desarrollada.

5. 48 ______________________
6. 954 ______________________
7. 6,321 ______________________
8. 4,306 ______________________
9. 1,563 ______________________
10. 2,840 ______________________

Lee y escribe cada número en palabras.

11. 300 + 20 + 5 ______________________________
12. 5,000 + 700 + 40 + 8 ______________________________
13. 9,000 + 400 + 6 ______________________________

Lee y escribe cada número en forma estándar.

14. setenta y seis ________
15. trescientos uno ________
16. cuatro mil doscientos dieciéis ________
17. cinco mil ciento cuarenta y dos ________

Escribe el valor del dígito subrayado.

18. 287 ________
19. 8,792 ________
20. 7,812 ________

Nombre ____________ Fecha ____________

Multiplica o divide.

1. $6 \times 4 =$ ____________
2. $56 \div 8 =$ ____________
3. $45 \div 9 =$ ____________
4. $6 \times 6 =$ ____________
5. $3 \times 7 =$ ____________
6. $48 \div 6 =$ ____________
7. Grace leyó seis libros durante el verano. Su hermana leyó tres veces ese número. ¿Cuántos libros leyó la hermana de Grace durante el verano?

____

Escribe el número de millares y el número de centenas en cada número.

8. 5,812

____________ millares

____________ centenas

9. 7,026

____________ millares

____________ centenas

Haz un dibujo de valor posicional para cada número usando unidades, decenas rápidas, cajas de centena y barras de millar.

10. 603
11. 3,187

12. **Amplía tu razonamiento** El maestro Thomas escribe 4,964 en el pizarrón. Amy dice que el valor del número subrayado es 9. Chris dice que el valor es 900. ¿Qué estudiante tiene razón? Explica.

____

____

1-3
Haz la tarea

Nombre ______________________ Fecha ______________

Redondea cada número al millar más cercano.

1. 6,578 ________
2. 4,489 ________
3. 8,099 ________
4. 2,761 ________

Redondea cada número a la centena más cercana.

5. 789 ________
6. 971 ________
7. 2,759 ________
8. 3,148 ________

Redondea cada número a la decena más cercana.

9. 46 ________
10. 381 ________
11. 4,175 ________
12. 5,024 ________

Compara usando >, < o =.

13. 4,538 ◯ 4,835
14. 3,554 ◯ 3,449
15. 1,289 ◯ 1,298
16. 7,235 ◯ 6,987
17. 4,004 ◯ 4,034
18. 5,609 ◯ 5,059

Resuelve.

19. Cuando redondeas un número, ¿qué dígito en el número te ayuda a decidir si debes redondear hacia arriba o redondear hacia abajo? Explica tu respuesta.

____

____

____

____

____

20. Cuando redondeas un número, ¿qué debes hacer con los dígitos que están a la derecha de la posición a la que redondeas?

____

____

____

1-3
Recuerda

Nombre ____________________ Fecha ____________________

Busca el número desconocido.

1. $4 \times 8 =$ ________
2. $42 \div 7 =$ ________
3. $63 \div$ ________ $= 9$
4. ________ $\times 5 = 40$
5. $9 \times$ ________ $= 81$
6. ________ $\div 6 = 10$
7. $21 \div 7 =$ ________
8. $10 \times$ ________ $= 100$

Escribe el número de decenas y el número de unidades en cada número.

9. 607

   ________ decenas

   ________ unidades

10. 9,324

    ________ decenas

    ________ unidades

Lee y escribe cada número en forma estándar.

11. 40 + 3 ________
12. 500 + 70 + 9 ________
13. 1,000 + 200 + 50 + 8 ________
14. 8,000 + 70 + 7 ________

15. **Amplía tu razonamiento** Sara piensa en un número. Cuando redondea su número a la centena más cercana, obtiene 700. ¿Cuál es el mayor número en el que podría pensar Sara? Explica.

____

____

____

1-4
Haz la tarea

Nombre ____________________ Fecha ____________

Lee y escribe cada número en forma desarrollada.

1. 39,012 ____________________
2. 640,739 ____________________
3. 102,453 ____________________
4. 460,053 ____________________

Lee y escribe cada número en palabras.

5. 1,000,000

____

6. 730,812

____

7. 45,039

____

8. 600,439

____

Lee y escribe cada número en forma desarrollada.

9. Novecientos veintitrés mil novecientos veintitrés

____

10. Ciento cuarenta mil ciento cuatro

____

11. Setenta y seis mil cinco

____

12. Cincuenta y nueve mil doscientos sesenta y uno

____

13. Setecientos mil cuatrocientos treinta

____

14. Treinta y un mil doscientos setenta y nueve

____

1-4
Recuerda

Nombre ______ Fecha ______

Usa los números 7, 9 y 63 para completar las ecuaciones relacionadas.

1 $7 \times$ ______ = ______

2 $9 \times$ ______ = ______

3 ______ ÷ ______ = 7

4 ______ ÷ ______ = 9

Resuelve.

5 Aileen hizo 36 mini panecillos para la venta de pasteles de la escuela. Cada bolsa contiene cuatro mini panecillos. ¿Cuántas bolsas de mini panecillos tendrá para la venta de pasteles?

______

Lee y escribe cada número en forma desarrollada.

6 86 ______

7 421 ______

8 7,915 ______

9 3,402 ______

Escribe el valor del dígito subrayado.

10 4<u>8</u>9 ______

11 <u>7</u>,493 ______

12 1,50<u>6</u> ______

Redondea cada número a la decena más cercana.

13 47 ______

14 6,022 ______

Redondea cada número a la centena más cercana.

15 672 ______

16 3,940 ______

17 **Amplía tu razonamiento** ¿Cuántos ceros hay en la forma estándar de seiscientos mil veinte? Explica.

______

______

1-5
Haz la tarea

Nombre ____________________ Fecha ____________

Compara usando >, < o =.

1. 57,068 ◯ 57,860
2. 24,516 ◯ 24,165
3. 154,424 ◯ 145,424
4. 836,245 ◯ 683,642
5. 89,175 ◯ 89,175
6. 100,000 ◯ 1,000,000

Redondea a la decena de millar más cercana.

7. 11,295 ____________
8. 82,964 ____________
9. 97,079 ____________

Redondea a la centena de millar más cercana.

10. 153,394 ____________
11. 410,188 ____________
12. 960,013 ____________
13. 837,682 ____________

Resuelve.

14. ¿Cómo se redondearía 672,831 a la unidad más cercana?

    a. decena? ____________

    b. centena? ____________

    c. millar? ____________

    d. decena de millar ____________

    e. centena de millar ____________

15. Compara el número 547,237 redondeado a la centena de millar más cercana y 547,237 redondeado a la decena de millar más cercana. ¿Qué número es más grande? Escribe un enunciado de comparación y explica tu respuesta.

    ____

    ____

    ____

    ____

1-5
Recuerda

Nombre ______________________ Fecha ______________

Halla el valor desconocido en el enunciado numérico.

1. $8 \times k = 16$ $k =$ ________
2. $n \times 9 = 90$ $n =$ ________
3. $35 \div t = 5$ $t =$ ________
4. $p \div 6 = 9$ $p =$ ________

Resuelve.

5. En un juego de una sala de juegos, Nick puede ganar hasta 10 boletos según la ranura en la que caiga su moneda. Si juega seis veces, ¿cuál es el mayor número de boletos que puede ganar Nick?

____

Redondea cada número al millar más cercano.

6. 2,950 ________________
7. 4,307 ________________

Lee y escribe los números en palabras.

8. 16,977 ________________________________
9. 403,056 ________________________________

10. **Amplía tu razonamiento** León dice que puede comparar números de la misma manera que ordena palabras alfabéticamente. Por ejemplo, dado que las primeras dos letras de las palabras *casa* y *carro* son las mismas, usa la tercera letra para comparar. Dado que la letra *r* está antes que la *s* en el alfabeto, la palabra carro aparece primero en el diccionario. Para comparar 64,198 con 641,532, sabe que los tres primeros dígitos 641 son iguales. Luego compara el siguiente dígito de cada número. Como 9 es mayor que 5, el número 64,198 debe ser más grande. ¿Es correcta la manera de pensar de León? Explica.

____

____

____

____

____

Nombre ____________________ Fecha ____________

Usa la información de la tabla para responder las preguntas.

Distancias recorridas (en millas) entre varias ciudades de los Estados Unidos.

	Nueva York, NY	Chicago, IL	Los Ángeles, CA
Atlanta, GA	886	717	2,366
Dallas, TX	1,576	937	1,450
Nashville, TN	914	578	2,028
Omaha, NE	1,257	483	1,561
Seattle, WA	2,912	2,108	1,141
Wichita, KS	1,419	740	1,393

1. Si conduces desde Nueva York a Dallas y luego de Dallas a Chicago, ¿cuántas millas recorriste?

   ____

2. ¿Cuáles dos ciudades están más alejadas en cuanto a distancia recorrida: Seattle y Los Ángeles o Wichita y Nueva York? Usa palabras de valor posicional para explicar tu respuesta.

   ____

   ____

Usa cualquier método para sumar. En otra hoja, haz un dibujo para el ejercicio 5 que muestre tus nuevos grupos.

3. $1{,}389 + 5{,}876$

4. $3{,}195 + 2{,}674$

5. $1{,}165 + 7{,}341$

6. $2{,}653 + 4{,}908$

7. $3{,}692 + 7{,}543$

8. $8{,}598 + 5{,}562$

9. $4{,}295 + 8{,}416$

10. $6{,}096 + 9{,}432$

1-6
Recuerda

Nombre ______ Fecha ______

Multiplica o divide.

1. $81 \div 9 =$ ______
2. $7 \times 4 =$ ______
3. $9 \times 3 =$ ______
4. $24 \div 4 =$ ______
5. $\begin{array}{r} 7 \\ \times\ 8 \\ \hline \end{array}$
6. $\begin{array}{r} 5 \\ \times\ 7 \\ \hline \end{array}$
7. $10\overline{)80}$
8. $7\overline{)42}$

Lee y escribe cada número en forma desarrollada.

9. Ochenta y seis mil novecientos veintiuno

______

10. Novecientos veinte mil cuatrocientos trece

______

Compara usando >, < o =.

11. 36,290 ◯ 36,290
12. 438,000 ◯ 43,800
13. 298,150 ◯ 298,105
14. 999,999 ◯ 1,000,000
15. **Amplía tu razonamiento** Halla los dígitos desconocidos en el siguiente problema de suma.

$$\begin{array}{r} 3,\square\ 6\ \square \\ +\ 4,\ 9\ \square\ 2 \\ \hline \square,\ 5\ 3\ 6 \end{array}$$

1-7
Haz la tarea

Nombre ______________________________ Fecha ______________

Copia cada ejercicio y alinea las posiciones correctamente. Al terminar, haz las sumas.

1. 51,472 + 7,078

2. 94,280 + 56,173

3. 1,824 + 36,739

4. 372,608 + 51,625

5. 314,759 + 509,028

6. 614,702 + 339,808

7. 493,169 + 270,541

8. 168,739 + 94,035

La tabla muestra el área total de cada uno de los Grandes Lagos.

Usa los datos de la tabla para responder las siguientes preguntas.

Lago	Área total (millas cuadradas)
Erie	9,906
Hurón	22,973
Michigan	22,278
Ontario	7,340
Superior	31,700

Muestra tu trabajo.

9. ¿Cuál es mayor, el área total del Lago Superior, o la suma del área total del lago Michigan y el lago Erie?

____

10. ¿Cuáles dos lagos tienen un área total combinada de 30,313 millas cuadradas?

____

1-7 Recuerda

Nombre ____________________ Fecha ____________

Multiplica o divide.

1. $30 \div 5 =$ ________
2. $8 \times 7 =$ ________
3. $4 \times 6 =$ ________
4. $70 \div 7 =$ ________
5. $3 \times 9 =$ ________
6. $36 \div 6 =$ ________

Compara usando >, < o =.

7. 6,299 ◯ 62,990
8. 389,151 ◯ 394,027
9. 134,657 ◯ 134,257
10. 93,862 ◯ 93,862

Usa cualquier método para sumar.

11. $\begin{array}{r} 1,362 \\ +\ 6,509 \\ \hline \end{array}$
12. $\begin{array}{r} 3,893 \\ +\ 5,245 \\ \hline \end{array}$
13. $\begin{array}{r} 6,399 \\ +\ 7,438 \\ \hline \end{array}$

14. **Amplía tu razonamiento** Peter suma 245,936 + 51,097 como se muestra a continuación. Explica su error. ¿Cuál es el total correcto?

$$\begin{array}{r} ^{1}^{1} \\ 2\,4\,5{,}9\,3\,6 \\ +\ 5\,1{,}0\,9\,7 \\ \hline 7\,5\,6{,}9\,0\,6 \end{array}$$

____

____

____

1-8
Haz la tarea

Nombre ______________________ Fecha ____________

Escribe una oración numérica que muestre una estimación de cada respuesta. Luego escribe la respuesta exacta.

1. 69 + 25 ______________________

2. 259 + 43 ______________________

3. 2,009 + 995 ______________________

4.
$$\begin{array}{r} 5 \\ 3 \\ 7 \\ +\ 4 \\ \hline \end{array}$$

5.
$$\begin{array}{r} 38 \\ 54 \\ +\ 52 \\ \hline \end{array}$$

6.
$$\begin{array}{r} 28 \\ 44 \\ 32 \\ +46 \\ \hline \end{array}$$

7.
$$\begin{array}{r} 243 \\ 625 \\ +387 \\ \hline \end{array}$$

8.
$$\begin{array}{r} 154 \\ 131 \\ 204 \\ +179 \\ \hline \end{array}$$

Resuelve.

Muestra tu trabajo.

9. La colección de estampillas de Paul incluye 192 estampillas domésticas y 811 estampillas extranjeras.

   Aproximadamente, ¿cuántas estampillas domésticas y extranjeras tiene Paul en total?

   ____

   Exactamente, ¿cuántas estampillas domésticas y extranjeras tiene Paul en total?

   ____

10. El avión A recorre 102,495 millas. El avión B recorre 91,378 millas. ¿Cuántas millas recorren en total los dos aviones?

    ____

    Explica cómo puedes usar la estimación para comprobar si tu respuesta es razonable.

    ____

    ____

    ____

Nombre ______________________ Fecha ______________

¿Cuánto es 362,584 redondeado a la:

1. centena más cercana? ________
2. millar más cercano? ________
3. decena de millar más cercana? ________
4. centena de millar más cercana? ________

Usa cualquier método para sumar.

5. 2,938 + 4,271
6. 8,305 + 1,467
7. 8,074 + 3,552

Copia los ejercicios y alinea las posiciones correctamente. Al terminar, haz las sumas.

8. 45,296 + 38,302
9. 293,017 + 58,226

10. **Amplía tu razonamiento** Luanne estima que el total de 39 + 15 es aproximadamente 40 + 15, o 55. Jacob estima que el total de 39 + 15 es aproximadamente 40 + 20, o 60. ¿Qué estimación es más cercana al total exacto? Explica.

1-9
Haz la tarea

Nombre ____________ Fecha ____________

Resta. Muestra tus nuevos grupos.

1. 7,000 − 3,264
2. 9,632 − 3,785
3. 8,054 − 1,867
4. 4,000 − 2,945
5. 8,531 − 7,624
6. 8,006 − 4,692
7. 9,040 − 5,712
8. 6,000 − 5,036
9. 7,180 − 4,385
10. 6,478 − 3,579
11. 9,490 − 5,512
12. 5,000 − 3,609

Resuelve. *Muestra tu trabajo.*

13. Un rally automovilístico de campo tiene 1,025 kilómetros de distancia. Al hacer una escala, el líder de la competencia había recorrido 867 kilómetros. ¿A qué distancia está la línea de meta?

____

14. En un censo se contaron 5,407 habitantes en la ciudad de Marina. Si 3,589 son hombres, ¿cuántas mujeres hay?

____

15. Una compañía de construcción construye una pared de rocas. La pared terminada tendrá 5,000 rocas. Hasta ahora se han colocado 1,487 rocas. ¿Cuántas rocas no han sido colocadas?

____

1-9
Recuerda

Nombre Fecha

Usa cualquier método para sumar.

1. $\begin{array}{r} 6{,}022 \\ +\ 1{,}988 \\ \hline \end{array}$

2. $\begin{array}{r} 4{,}586 \\ +\ 1{,}693 \\ \hline \end{array}$

3. $\begin{array}{r} 8{,}374 \\ +\ 3{,}707 \\ \hline \end{array}$

La tabla muestra la cantidad de basura que se recoge cada año por el Día de la Tierra en los parques de una ciudad. Usa los datos de la tabla para responder las siguientes preguntas.

4. ¿Cuánta basura se recolectó en 2007 y 2008?

____

5. ¿Qué dos años tuvieron en conjunto una recolección de basura de 23,456 libras?

____

Basura recolectada en el Día de la Tierra

Año	Libras de basura
2007	8,293
2008	12,104
2009	15,877
2010	11,352

Escribe una ecuación que muestre una estimación de cada respuesta. Luego escribe la respuesta exacta.

6. 495 + 812 _______________

7. 7,203 + 299 _______________

8. 2,859 + 6,017 _______________

9. **Amplía tu razonamiento** Bridget descompuso 5,000 como se muestra en el ejemplo. Usa tu comprensión del valor posicional para explicar por qué el número descompuesto es igual a 5,000.

$\begin{array}{r} {\scriptstyle 4\ 9\ 9\ 10} \\ \not{5}{,}\not{0}\not{0}\not{0} \\ -2{,}896 \\ \hline \end{array}$

____

____

____

1-10
Haz la tarea

Nombre ______________________ Fecha ______________

Resta. Al terminar, suma para comprobar las restas.
Muestra tu trabajo.

1. 1,400 − 238 = ____

   Comprobación: ______________

2. 1,900 − 1,238 = ____

   Comprobación: ______________

3. 4,620 − 1,710 = ____

   Comprobación: ______________

4. 5,243 − 2,454 = ____

   Comprobación: ______________

5. 3,142 − 1,261 = ____

   Comprobación: ______________

6. 2,375 − 896 = ____

   Comprobación: ______________

Resuelve.

Muestra tu trabajo.

7. La biblioteca de una escuela tiene 1,058 libros en su colección. La biblioteca de la ciudad tiene 4,520 libros en su colección. ¿Cuántos libros hay en total?

   ____

8. Una oficial de la ciudad sabe cuántos libros tiene la biblioteca de la ciudad y cuántos libros tienen ambas bibliotecas en total. Quiere saber cuántos libros tiene la biblioteca de la escuela. ¿Cómo puede usar la resta para hallar la respuesta?

   ____

1-10
Recuerda

Nombre ______________________ Fecha ______________

Copia cada ejercicio y alinea las posiciones correctamente. Luego suma.

❶ 32,418 + 508,182

❷ 734,150 + 60,382

Resuelve.

Muestra tu trabajo.

❸ El cuarto grado está compuesto por 102 niños y 86 niñas. *Aproximadamente,* ¿cuántos estudiantes hay en total en el cuarto grado?

____

Exactamente, ¿cuántos estudiantes hay en total en el cuarto grado?

____

Resta. Muestra tus nuevos grupos.

❹
```
  5,000
– 2,583
```

❺
```
  8,259
– 3,716
```

❻
```
  2,081
– 1,733
```

❼ **Amplía tu razonamiento** ¿Cuál es el número desconocido en este dibujo de separación? Enumera todos los problemas de suma y resta del dibujo.

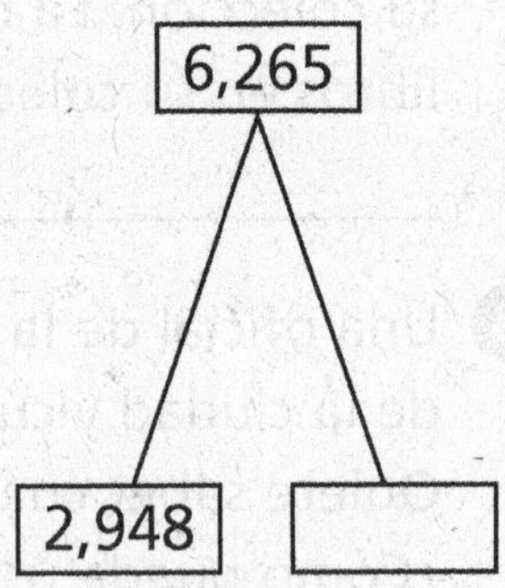

____

____

____

1-11
Haz la tarea

Nombre ______________________ Fecha ______________

Resta.

❶ 71,824 − 36,739

❷ 960,739 − 894,045

❸ 665,717 − 82,824

❹ 372,608 − 57,425

❺ 597,603 − 404,980

❻ 614,702 − 539,508

❼ 724,359 − 99,068

❽ 394,280 − 56,473

En un experimento, un científico contó cuántas bacterias crecían en varios platos rotulados. La tabla muestra cuántas bacterias había en cada plato.

Plato	Número de bacterias
A	682,169
B	694,154
C	57,026
D	150,895
E	207,121

Resuelve. Estimapara comprobar.

Muestra tu trabajo.

❾ ¿Cuál fue la diferencia entre el mayor número de bacterias y el menor número de bacterias?

____

❿ ¿Cuántas bacterias más había en el plato A que en el plato D?

____

⓫ ¿Cuántas bacterias menos había en el plato E que en los platos C y D combinados?

____

1-11
Recuerda

Nombre ______________________ Fecha ______________

Escribe una ecuación que muestre una estimación de cada respuesta. Luego escribe la respuesta exacta.

1. 503 + 69 ______________________

2. 2,825 + 212 ______________________

3. 6,190 + 3,858 ______________________

Resta. Muestra tus nuevos grupos.

4. $\begin{array}{r} 8{,}760 \\ -\ 1{,}353 \\ \hline \end{array}$

5. $\begin{array}{r} 6{,}000 \\ -\ 5{,}258 \\ \hline \end{array}$

6. $\begin{array}{r} 5{,}060 \\ -\ 2{,}175 \\ \hline \end{array}$

Resta. Al terminar, suma para comprobar las restas. Muestra tu trabajo.

7. 6,355 − 891 = ______________

8. 8,326 − 1,425 = ______________

Comprobación: ______________

Comprobación: ______________

9. **Amplía tu razonamiento** Escribe un problema de suma en el que el total estimado sea 14,000.

____

____

____

Nombre ______________________ Fecha ______________

Resuelve cada problema.

Muestra tu trabajo.

1. El maestro Chase pidió 249 lápices, 600 hojas de papel y 190 gomas de borrar. ¿Cuántas más hojas de papel que lápices y gomas de borrar combinados pidió el maestro Chase?

   ____

2. Hubo 623 asistentes en el concierto del viernes. El sábado hubo 287 asistentes más de los que asistieron el viernes ¿Cuántos asistentes fueron al concierto el viernes y el sábado en total?

   ____

Suma o resta.

3. $\begin{array}{r} 695 \\ +\ 487 \\ \hline \end{array}$

4. $\begin{array}{r} 8{,}452 \\ -\ 5{,}938 \\ \hline \end{array}$

5. $\begin{array}{r} 5{,}895 \\ +\ 9{,}727 \\ \hline \end{array}$

6. $\begin{array}{r} 49{,}527 \\ -\ 26{,}088 \\ \hline \end{array}$

7. $\begin{array}{r} 86{,}959 \\ -\ 38{,}486 \\ \hline \end{array}$

8. $\begin{array}{r} 39{,}458 \\ +\ 98{,}712 \\ \hline \end{array}$

9. $\begin{array}{r} 286{,}329 \\ +\ 394{,}065 \\ \hline \end{array}$

10. $\begin{array}{r} 708{,}623 \\ -\ 421{,}882 \\ \hline \end{array}$

11. $\begin{array}{r} 952{,}774 \\ -\ 613{,}386 \\ \hline \end{array}$

1-12
Recuerda

Nombre ______________________ Fecha ______________

Suma o resta.

1. $\begin{array}{r} 7{,}982 \\ -\ 3{,}517 \\ \hline \end{array}$

2. $\begin{array}{r} 600{,}000 \\ -\ 399{,}410 \\ \hline \end{array}$

3. $\begin{array}{r} 138{,}925 \\ +\ 47{,}316 \\ \hline \end{array}$

Resta. Al terminar, suma para comprobar las restas. Muestra tu trabajo.

4. 4,652 −1,593 = ____________

   Comprobación: ____________

5. 30,000 − 26,931 = ____________

   Comprobación: ____________

6. 896,581 − 355,274 = ____________

   Comprobación: ____________

Resta.

7. 731,285 − 369,114 = ____________

8. 645,803 − 52,196 = ____________

9. **Amplía tu razonamiento** Escribe un problema de dos pasos en el que la respuesta sea 130.

____

____

____

____

Nombre ______ Fecha ______

Suma o resta.

1. 12,673 − 9,717 = ______
2. 8,406 + 45,286 = ______
3. 2,601 − 1,437 = ______

Responde cada pregunta con la información de la tabla.

Área de los países de América Central

País	Área (millas cuadradas)
Belice	8,867
Costa Rica	19,730
El Salvador	8,124
Guatemala	42,042
Honduras	43,278
Nicaragua	49,998
Panamá	30,193

Muestra tu trabajo.

4. ¿Cuál es el área total de Guatemala y Honduras?

______

5. ¿Cuáles dos países tienen menos área? ¿Cuál es la suma de sus áreas?

______

6. ¿Cuál es mayor: el área de Nicaragua o el área total de Costa Rica y Panamá?

______

7. ¿Cuánto más grande es el área de Honduras que el área de Guatemala?

______

1-13
Recuerda

Nombre _______________ Fecha _______________

Resta. Luego, suma para comprobar la resta.

1. 1,500 − 705 = ______

2. 9,523 − 8,756 = ______

Comprobación: ______________

Comprobación: ______________

La tabla muestra cuántos aficionados asistieron a los partidos de béisbol de un equipo al comienzo de la temporada. Resuelve. Estima para comprobar.

Partidos	Aficionados
1	68,391
2	42,908
3	9,926
4	35,317
5	46,198

3. ¿Cuántos aficionados menos asistieron al partido 4 que al partido 5?

____

____

4. ¿Cuál fue la diferencia entre el mayor número de aficionados y el menor número en un partido?

____

____

Suma o resta.

5. $\begin{array}{r} 7{,}452 \\ +\ 3{,}801 \\ \hline \end{array}$

6. $\begin{array}{r} 2{,}155 \\ +\ 5{,}890 \\ \hline \end{array}$

7. $\begin{array}{r} 293{,}635 \\ -\ 178{,}098 \\ \hline \end{array}$

8. **Amplía tu razonamiento** La ecuación 32,904 + *h* = 61,381 muestra que el número de mujeres más el número de hombres, *h,* que viven en una determinada ciudad es igual al total de la población. Escribe una ecuación de resta que represente la misma situación. ¿Cuántos hombres viven en esta ciudad?

____

____

1-14
Haz la tarea

Nombre ______________________ **Fecha** ____________

Las empresas a menudo usan gráficas de barras para presentar información a los medios o a los accionistas. Los datos pueden mostrar cómo varía la asistencia o las ganancias a lo largo del año o comparar el éxito de diferentes divisiones o trimestres en el año.

1. Investiga los números de asistencia de tu parque de diversiones, equipo deportivo o película preferida durante cinco períodos de tiempo distintos. Completa la tabla con tu información.

2. Usa la siguiente cuadrícula para representar gráficamente la información de tu tabla.

1-14
Recuerda

Nombre ______________________ Fecha ______________

Resta.

1. 958,299 − 63,419 = ______

2. 9,523 − 8,756 = ______

Suma o resta.

3.
$$\begin{array}{r} 5{,}191 \\ +\ \ 273 \\ \hline \end{array}$$

4.
$$\begin{array}{r} 13{,}687 \\ +\ 25{,}137 \\ \hline \end{array}$$

5.
$$\begin{array}{r} 758{,}194 \\ -\ \ \ 6{,}029 \\ \hline \end{array}$$

Responde cada pregunta con la información de la tabla.

6. ¿Cuál es el número total de millas que el caminonero condujo en los últimos 2 años?

____

7. ¿Cuál es mayor: el aumento en las millas conducidas entre 1998 y 1999 o entre 1999 y 2000? ¿De cuánto es el aumento?

____

Millas conducidas por un camionero

Año	Millas
1998	75,288
1999	117,391
2000	126,304
2001	87,192
2002	94,386

8. **Amplía tu razonamiento** Mira los datos de transporte de la tabla para los ejercicios 6 y 7. ¿Cómo redondearías los datos para hacer una gráfica de barras? ¿Qué escala usarías?

____

____

1-15
Haz la tarea

Nombre ______________________ Fecha ____________

Completa cada tabla.

1

×										
	7	4	2	6	3	10	1	9	5	8
	35	20	10	30	15	50	5	45	25	40
	70	40	20	60	30	100	10	90	50	80
	42	24	12	36	18	60	6	54	30	48
	56	32	16	48	24	80	8	72	40	64
	21	12	6	18	9	30	3	27	15	24
	63	36	18	54	27	90	9	81	45	72
	14	8	4	12	6	20	2	18	10	16
	49	28	14	42	21	70	7	63	35	56
	28	16	8	24	12	40	4	36	20	32

2

×										
	40		50		25	35		10		45
	48	18		6	30		24		36	54
	80	30		10		70	40	20		90
	32	12		4	20	28		8	24	
	24	9	30			21	12		18	27
	72		90		45		36	18	54	81
		6	20	2		14	8	4	12	18
		24		8		56	32	16		72
	8		10		5	7	4	2	6	
	56	21	70		35	49		14	42	

3

×										
	20		25		50	40		10		5
	16	36		12		32	28		24	4
		81	45	27	90			18		9
	4	9			10		7	2	6	
	12		15	9		24	21		18	3
		90	50	30		80		20		
	32	72		24	80		56		48	8
		63	35			56	49	14		7
		18		6	20	16		4	12	
	24		30	18	60		42	12	36	

4

×										
	15		40		5	20		50	35	
	27	81		18			45		63	
	3		8		1	4	5	10		6
		27	24		3		15		21	18
	30	90		20			50	100		
	18			12		24		60	42	36
		18	16		2		10		14	12
			56		7			70		42
	12	36		8		16	20		28	24
	24		64	16	8	32	40	80		48

1-15
Recuerda

Nombre ______________________ Fecha ______________

Compara usando >, < o =.

❶ 43,120 ◯ 43,012

❷ 32,129 ◯ 32,192

❸ 329,353 ◯ 329,535

❹ 1,209 ◯ 1,290

❺ 78,832 ◯ 71,132

❻ 100,000 ◯ 1,000,000

Redondea a la decena de millar más cercana.

❼ 971,456 ________

❽ 428,377 ________

❾ 732,530 ________

Redondea a la centena de millar más cercana.

❿ 5,847,692 ________

⓫ 9,722,434 ________

⓬ 4,500,874 ________

⓭ **Amplía tu razonamiento**
Completa la tabla.

×		3				4				
									28	24
							16	72		
					5	4				
			5	50						
	80	30								
6									42	36
							4	18		
					15	12				
			7	70						
9	72	27								

1-16
Haz la tarea

Nombre ______________________ Fecha ____________

Usa la tabla de multiplicación de la derecha.

×	1	2	3	4	5	6	7	8	9	10
1	1	2	3	4	5	6	7	8	9	10
2	2	4	6	8	10	12	14	16	18	20
3	3	6	9	12	15	18	21	24	27	30
4	4	8	12	16	20	24	28	32	36	40
5	5	10	15	20	25	30	35	40	45	50
6	6	12	18	24	30	36	42	48	54	60
7	7	14	21	28	35	42	49	56	63	70
8	8	16	24	32	40	48	56	64	72	80
9	9	18	27	36	45	54	63	72	81	90
10	10	20	30	40	50	60	70	80	90	100

1. ¿Qué patrón ves cuando se cuenta de 10 en 10?

2. ¿Cómo se relaciona contar de 9 en 9 con contar de 10 en 10 en la fila siguiente?

3. ¿Cuál es la suma de los dígitos de cada número cuando se cuenta de 9 en 9?

4. Cuando se cuenta de 2 en 2, de 4 en 4, de 6 en 6 y de 8 en 8, ¿los dígitos de las unidades son pares o impares?

5. ¿Cuáles conteos en secuencia son el doble de otros conteos en secuencia? Nombra los conteos.

6. ¿Cuáles son los números al cuadrado en la tabla de multiplicación?

7. Explica por qué el número 25 es un número al cuadrado.

1-16
Recuerda

Nombre ________________________ Fecha ________

Suma o resta.

1 766,892 −525,892	**2** 414,621 +542,931	**3** 496,298 +293,986
4 491,546 +181,482	**5** 874,917 −106,642	**6** 367,984 +438,194
7 173,350 − 24,477	**8** 514,781 + 95,477	**9** 269,360 +771,531

Resuelve los problemas.

10 Los encargados de una tienda de comestibles compraron 798 libras de manzanas, 321 libras de naranjas y 112 libras de bananas. ¿Cuántas libras más compraron de manzanas que de naranjas y bananas combinadas?

____

11 El club de teatro de la escuela secundaria tuvo una presentación el viernes a la que asistieron 395 espectadores. El sábado asistieron 274 personas, y a la última presentación del domingo asistieron 249 espectadores. ¿Cuántos espectadores vieron la presentación en total?

____

13 **Amplía tu razonamiento** Describe cómo puedes usar los patrones de la tabla de multiplicación para recordar las multiplicaciones

____

____

____

1-17
Haz la tarea

Nombre ______________________ Fecha ______________

Escribe la regla y luego completa la tabla.

1 Regla: ____________

Entrada	Salida
3	9
____	21
5	15
6	____
____	27
4	____

2 Regla: ____________

Entrada	Salida
30	5
18	3
6	____
____	6
42	____
____	2

3 Regla: ____________

Entrada	Salida
36	4
____	7
18	____
____	6
81	____
27	3

4 Regla: ____________

Entrada	Salida
3	____
7	56
9	72
____	64
____	40
4	____

5 Regla: ____________

Entrada	Salida
7	____
3	27
____	36
6	54
9	____
____	45

6 Regla: ____________

Entrada	Salida
20	5
____	3
32	8
16	____
28	____
____	6

Nombre ____________________ Fecha ____________

Lee y escribe cada número en forma desarrollada.

1. 574,221 ______________________________

2. 265,288 ______________________________

3. 168,724 ______________________________

Lee y escribe cada número en palabras.

4. 599,150 ______________________________

5. 30,701 ______________________________

6. 864,119 ______________________________

Lee y escribe cada número en forma desarrollada

7. Setecientos sesenta y nueve mil setecientos sesenta

____

8. Cuatro cientos once mil trescientos setenta y seis

____

9. Setenta y un mil seiscientos treinta y uno

____

10. **Amplía tu razonamiento** Escribe una regla, luego completa la tabla.

Regla: ____________

Entrada	Salida
3	21
____	42
____	____
9	____

1-18
Haz la tarea

Nombre ______________________ Fecha ______________

Completa cada rompecabezas de número desconocido.

1

×	6	2	
	24		28
9		18	63
	18		21

2

×		2	
5	20		45
3			27
	28	14	63

3

×	5	8	7
10		80	
4	20		28
2	10	16	14

4

×		4	
	63		27
7	49		
	28	16	12

5

×	7		3
8		40	
	21	15	
	35	25	15

6

×	8		
9		54	36
	40	30	20
6			24

7

×	7		8
7		42	
	35	30	40
	28	24	

8

×	4	2	
		16	
9	36	18	
2	8	4	16

9

×			9
7	35	21	
10	50	30	
	25		45

10

×		8	
		72	63
2	6		14
	15	40	

11

×			3
	24	54	18
	20		15
8		72	

12

×	2		
4		40	
	18	90	45
		30	

1-18
Recuerda

Nombre ______________________ Fecha ______________

Suma o resta.

1. 6,755 − 577 ________
2. 7,394 − 1,239 ________
3. 4,381 + 27 ________
4. 6,398 + 1,012 ________

Responde cada pregunta con la información de la tabla.

Estado	Área (millas cuadradas)
Alaska	665,384
Arizona	113,990
California	163,694
Colorado	104,093
Montana	147,039
Nevada	110,571
Nuevo México	121,590
Texas	268,596

5. ¿Cuál es el área total de Nuevo México y Montana?

____

6. ¿Cuáles dos estados tienen la mayor área? ¿Cuál es la suma de sus áreas?

____

7. ¿Cuál es mayor: el área de Alaska o el área total de Texas y California?

____

8. ¿Cuál es la diferencia, en millas cuadradas, entre el área de Nevada y el área de Colorado?

____

9. **Amplía tu razonamiento** Completa el rompecabezas de números desconocidos.

×			
3	27		
	36	8	
		14	28

2-1
Haz la tarea

Nombre ______________________ Fecha ______________

❶ Rotula los lados de cada rectángulo.

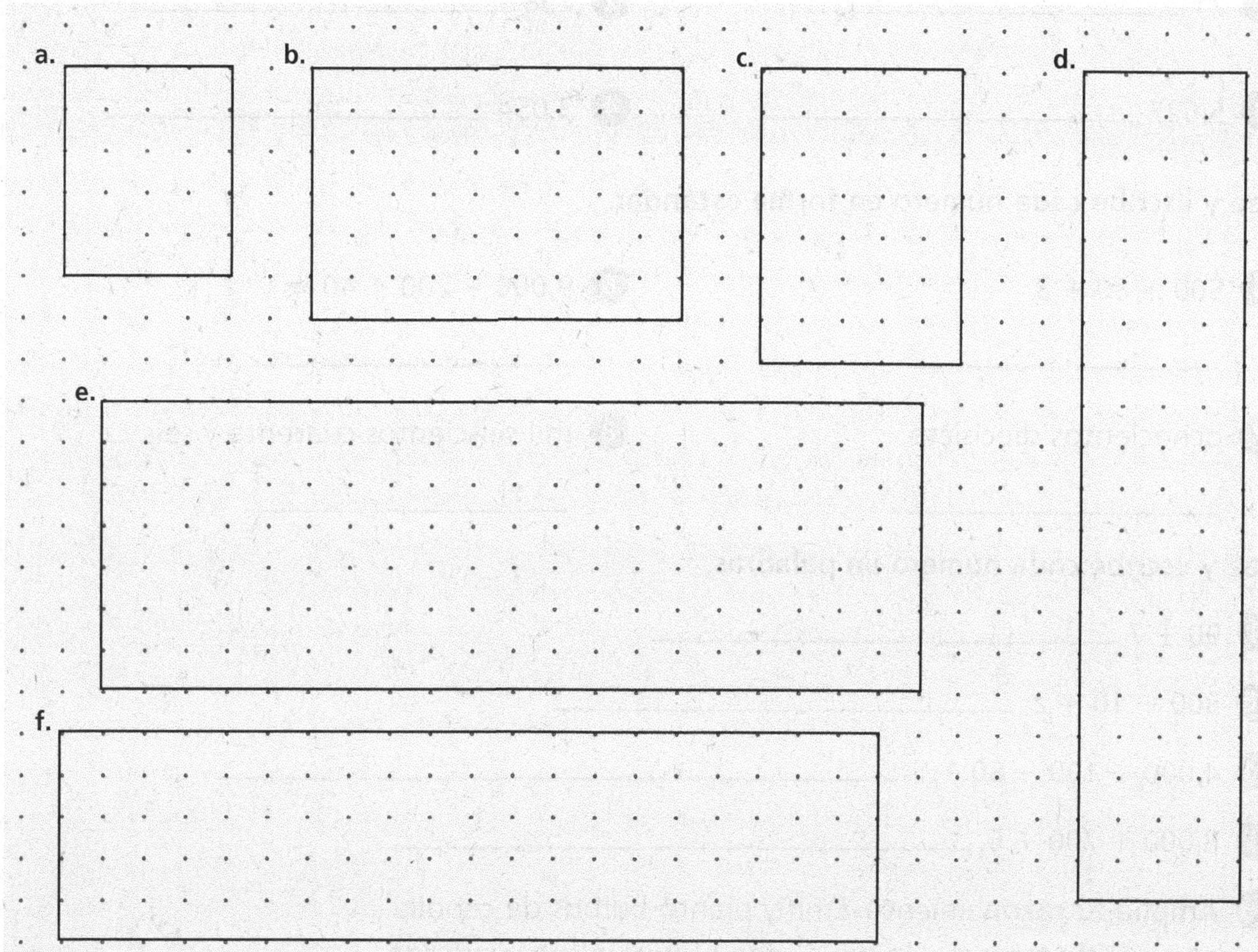

❷ Escribe la ecuación que representa el área de cada rectángulo que se muestra arriba.

a. ______________ b. ______________ c. ______________

d. ______________ e. ______________ f. ______________

Halla el área (en unidades cuadradas) de un rectángulo con las dimensiones dadas.

❸ 3×5 ______________ ❹ 3×50 ______________ ❺ 30×5 ______________

Nombre ____________________ Fecha ____________

Lee y escribe cada número en forma desarrollada.

1. 71 ____________________
2. 298 ____________________
3. 5,627 ____________________
4. 3,054 ____________________

Lee y escribe cada número en forma estándar.

5. 500 + 80 + 3

____

6. 9,000 + 200 + 40 + 1

____

7. ochocientos diecisiete

____

8. mil seiscientos cuarenta y seis

____

Lee y escribe cada número en palabras.

9. 90 + 7 ____________________
10. 300 + 10 + 2 ____________________
11. 4,000 + 100 + 80 + 5 ____________________
12. 8,000 + 700 + 6 ____________________
13. **Amplía tu razonamiento** Emmy plantó bulbos de cebolla en su patio trasero y le dio a cada bulbo un pie cuadrado de espacio. Ordenó los bulbos en una matriz rectangular de 4 filas con 5 bulbos en cada fila. Haz un bosquejo de la parcela de Emmy. ¿Cuántos bulbos de cebolla plantó? ¿Cuál es el área de la parcela de cebollas? Identifica otros tres arreglos rectangulares que Emmy podría haber usado para plantar estos bulbos de cebolla.

____

____

____

____

____

2-2
Haz la tarea

Nombre ______________________________ Fecha ______________

Resuelve cada problema.

1. $10 \times$ ______ $= 3$ decenas
2. 10×6 decenas $=$ ______

Sigue las instrucciones.

3. Divide el rectángulo de 30×40 en cuadrados de 10×10 de 100 como ayuda para hallar el área.

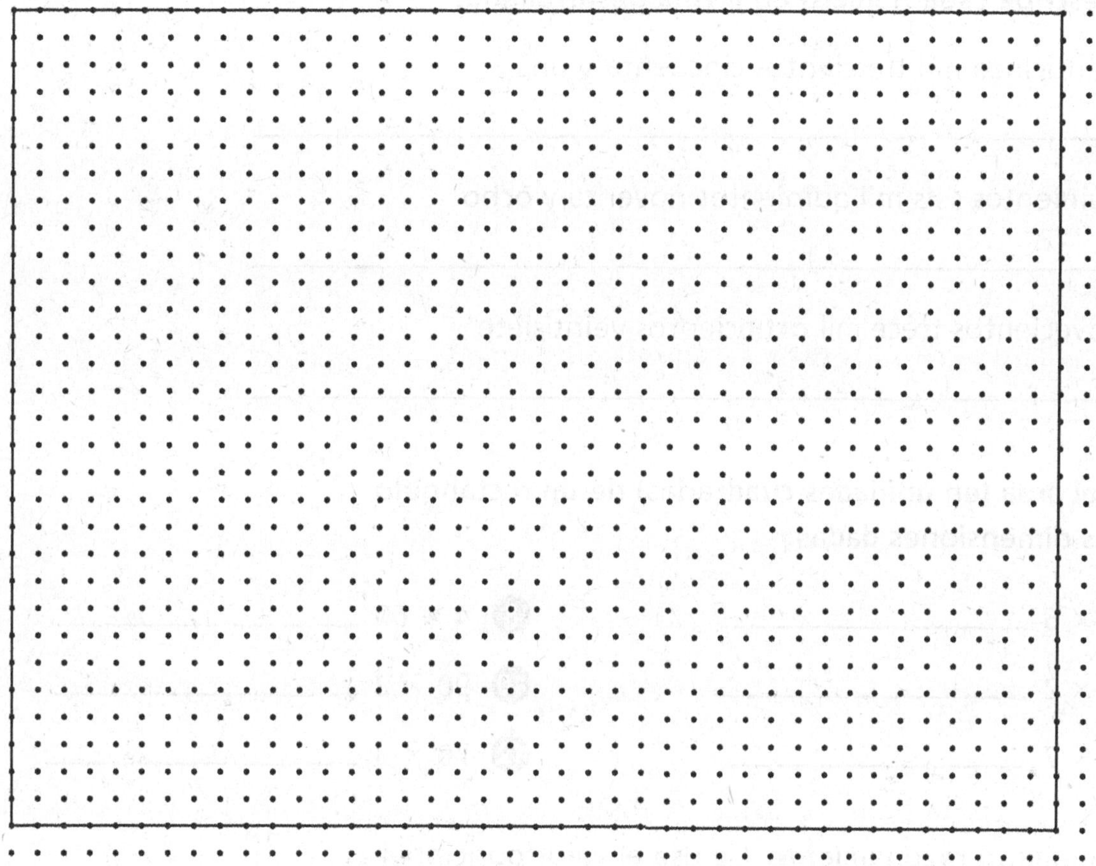

4. Completa los pasos para descomponer en factores las decenas.

$30 \times 40 = ($ ______ $\times 10) \times ($ ______ $\times 10)$

$= ($ ______ $\times$ ______ $) \times (10 \times 10)$

$=$ ______ $\times 100$

$=$ ______

5. ¿Cuál es el área del rectángulo de 30×40, en unidades cuadradas?

____

2-2 Recuerda

Nombre ______________________ Fecha ______________

Escribe el número de millares y el número de centenas en cada número.

1. 4,672

   _______ millares

   _______ centenas

2. 1,023

   _______ millares

   _______ centenas

3. 610

   _______ millares

   _______ centenas

Lee y escribe cada número en forma desarrollada.

4. veinticinco mil trescientos cincuenta y uno

   ____

5. quinientos seis mil quinientos noventa y ocho

   ____

6. novecientos trece mil ochocientos veintisiete

   ____

Halla el área (en unidades cuadradas) de un rectángulo con las dimensiones dadas.

7. 4×6 ______________

8. 4×60 ______________

9. 9×2 ______________

10. 90×2 ______________

11. 3×7 ______________

12. 70×3 ______________

13. **Amplía tu razonamiento** Liz usa el valor posicional para multiplicar 90 X 30.

$$\begin{aligned} 90 \times 30 &= (9 \times 10) \times (3 \times 10) \\ &= (9 \times 3) \times (10 \times 10) \\ &= 27 \times 10 \\ &= 270 \end{aligned}$$

¿Es correcta la respuesta de Liz? Explica.

____

____

2-3
Haz la tarea

Nombre ______________________ Fecha ______________

Halla cada producto al descomponer en factores las decenas. Dibuja rectángulos si es necesario.

1. 6 × 2, 6 × 20, y 6 × 200

2. 4 × 8, 4 × 80, y 4 × 800

3. 5 × 5, 5 × 50, y 5 × 500

4. 5 × 9, 50 × 9, y 500 × 9

5. 6 × 5, 60 × 5, y 60 × 50

6. 7 × 6, 70 × 6, y 70 × 60

En una hoja de papel cuadriculado, dibuja dos matrices diferentes de cuadrados conectados por cada total. Rotula los lados y escribe la ecuación de multiplicación para cada una de tus matrices.

7. 18 cuadrados

8. 20 cuadrados

9. 24 cuadrados

Nombre ______________________ Fecha ______________

Suma o resta.

1. $\begin{array}{r} 2{,}728 \\ +\ 7{,}245 \\ \hline \end{array}$

2. $\begin{array}{r} 83{,}054 \\ +\ 1{,}496 \\ \hline \end{array}$

3. $\begin{array}{r} 27{,}300 \\ -\ 9{,}638 \\ \hline \end{array}$

Use cualquier método para sumar.

4. $\begin{array}{r} 4{,}335 \\ +\ 2{,}694 \\ \hline \end{array}$

5. $\begin{array}{r} 3{,}806 \\ +\ 8{,}129 \\ \hline \end{array}$

6. $\begin{array}{r} 6{,}401 \\ +\ 7{,}763 \\ \hline \end{array}$

7. $\begin{array}{r} 9{,}826 \\ +\ 8{,}531 \\ \hline \end{array}$

Resuelve cada problema.

8. 10 × ______________ = 6 decenas

9. 10 × 9 = ______________

10. ______________ × 10 = 2 decenas

11. ______________ × 10 = 5 decenas

12. 10 × 4 decenas = ______________

13. 10 × ______________ = 7 centenas

14. 10 × ______________ = 8 decenas

15. ______________ × 10 = 3 decenas

16. **Amplía tu razonamiento** Lucas dice que dado que 40 × 70 y 60 × 50 tienen factores con un total de dos ceros, ambos tendrán productos con un total de dos ceros. ¿Tiene razón? Explica.

____

____

____

2-4 Haz la tarea

Nombre ______________________ Fecha ______________

Dibuja un rectángulo. Halla el producto de las decenas, el producto de las unidades y el producto total. El primero ya está hecho.

❶ 5 × 39

39 = 30 + 9

	30	9
5	5 x 30 = 150	5 x 9 = 45

$$\begin{array}{r} 150 \\ +\ 45 \\ \hline 195 \end{array}$$

❷ 7 × 32

❸ 9 × 54

❹ 3 × 47

Resuelve cada problema.

Muestra tu trabajo.

❺ El jardín de flores de María mide 14 pies de largo y 3 pies de ancho. ¿Cuántos pies cuadrados tiene el jardín?

____

❻ María plantó 15 bandejas de flores. Cada bandeja tenía 6 flores. ¿Cuántas flores plantó?

____

❼ Escribe y resuelve un problema de multiplicación sobre tu familia.

____

____

____

____

____

Nombre ______________________ Fecha ____________

Redondea cada número a la centena más cercana.

1. 283 ________
2. 729 ________
3. 954 ________

Redondea cada número al millar más cercano.

4. 4,092 ________
5. 6,550 ________
6. 5,381 ________

Compara usando >, < o =.

7. 92,800 ________ 92,830
8. 165,000 ________ 156,000
9. 478,390 ________ 478,390
10. 736,218 ________ 89,479

Halla cada producto al descomponer en factores las decenas.
Dibuja rectángulos si es necesario.

11. 3 × 2, 3 × 20, and 3 × 200

____

____

12. 7 × 3, 7 × 30, and 7 × 300

____

____

13. **Amplía tu razonamiento** Escribe un problema que se pueda resolver usando el modelo de rectángulo que se muestra. Luego resuelve el problema al hallar el producto de las decenas, el producto de las unidades y el producto total.

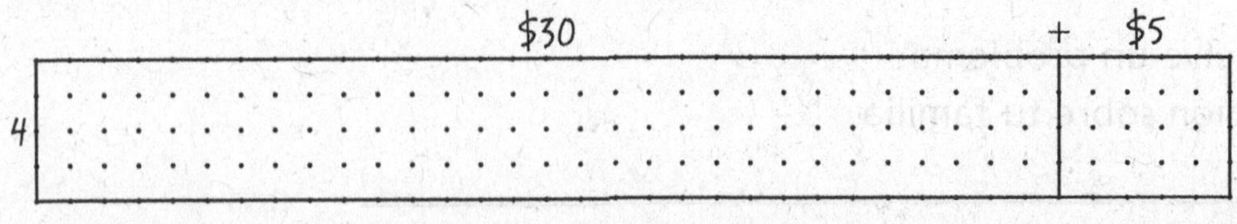

____

____

____

2-5
Haz la tarea

Nombre ______________________ Fecha ______________

Estima cada producto. Resuelve para comprobar tu estimación.

1. 4×26

2. 5×63

3. 7×95

4. 4×84

5. 2×92

6. 3×76

Estima las respuestas. Luego resuelve cada problema. *Muestra tu trabajo.*

7. El club de ciclismo participa en un evento. Hay 65 equipos registrados para el evento. Cada equipo tiene un total de 8 ciclistas. ¿Cuántos ciclistas participarán en el evento?

8. El grupo de teatro hace trajes para la obra. Hay 9 cambios de vestuario para cada uno de los 23 actores. ¿Cuántos trajes necesita el grupo de teatro?

9. La biblioteca de la ciudad muestra 6 libros diferentes cada día en la vitrina de exhibición. La biblioteca está abierta 27 días por mes. ¿Cuántos libros necesita la biblioteca para la vitrina?

Escribe y resuelve un problema de multiplicación.

10. ______________________

2-5 Recuerda

Nombre ________________________ Fecha ____________

Estima cada total. Al terminar, resuelve los problemas para comprobar tu estimación.

1. 288 + 609 ______________________

Resuelve.

Muestra tu trabajo.

2. Durante un fin de semana, un museo recibió 7,850 visitantes el sábado y 5,759 visitantes el domingo.

   Aproximadamente, ¿cuántos visitantes hubo el fin de semana?

   ____

   Exactamente, ¿cuántos visitantes hubo ese fin de semana?

   ____

Dibuja un modelo de rectángulo. Halla el producto de las decenas, el producto de las unidades y el producto total.

3. 7 × 42

4. 5 × 67

5. **Amplía tu razonamiento** Marcia dice que puede *redondear* para hallar el producto *exacto* de 6 × 75. Dice que como 75 está en el punto medio entre 7 decenas y 8 decenas, el producto exacto de 6 × 75 debe estar en el punto medio entre 6 × 70 y 6 × 80. ¿Tiene razón? Explica.

   ____

   ____

   ____

   ____

   ____

   ____

2-6
Haz la tarea

Nombre ______________________ Fecha ______________

Usa el método de valor posicional por secciones para resolver el problema. Completa los pasos.

1 9×86 ______

86 = 80 + 6

9 ___ × ___ = _____ | __ × __ = __ 9

___
+ ___

Usa el método de notación desarrollada para resolver el problema. Completa los pasos.

2 4×67 ______

67 = 60 + 7

4 | | 4

67 = _____ + _____
× 4 = _____

_____ × _____ = _____
_____ × _____ = _____

_____

Usa cualquier método para resolver. Dibuja un modelo rectangular para representar el problema.

Muestra tu trabajo.

3 Natalia lee su libro nuevo durante 45 minutos por día durante una semana. ¿Cuántos minutos leyó después de 7 días?

____

2-6
Recuerda

Nombre ________________________ Fecha ____________

La tabla muestra la altura aproximada de las cinco montañas más altas del mundo. Usa los datos de la tabla para responder las siguientes preguntas.

Montaña	Altura (en pies)
Everest	29,035
K2	28,250
Kangchenjunga	28,169
Lhotse	27,940
Makalu	27,766

1. ¿Qué altura tienen las dos montañas más altas combinadas?

____

2. ¿Cuáles dos montañas combinadas miden 56,190 pies de alto?

____

Resta.

3. 586,720 − 293,415 = ____________

4. 917,336 − 904,582 = ____________

Estima cada producto. Resuelve para comprobar tu estimación

5. 5 × 39

____

____

6. 6 × 64

____

7. 9 × 23

____

____

8. 7 × 48

____

____

9. **Amplía tu razonamiento** Explica cómo se usa el método de notación desarrollada para multiplicar 82 × 3.

____

____

____

____

____

2-7
Haz la tarea

Nombre ______________________ Fecha ______________

Usa el método de notación algebraica para resolver cada problema. Completa los pasos.

❶ 7 · 53 ______

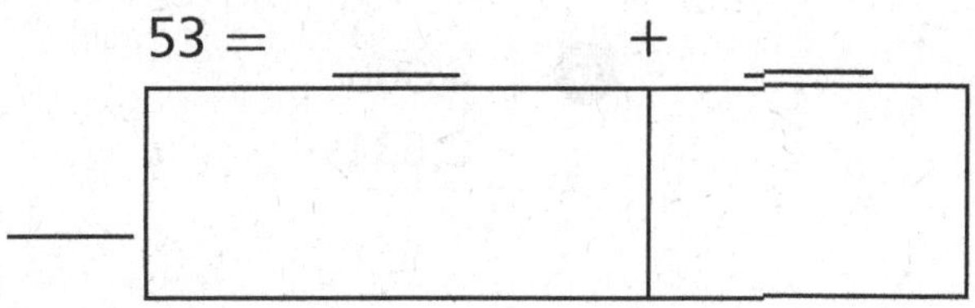

7 · 53 = ______ · (______ + ______)
= 350 + 21
= 371

❷ 4 · 38 ______

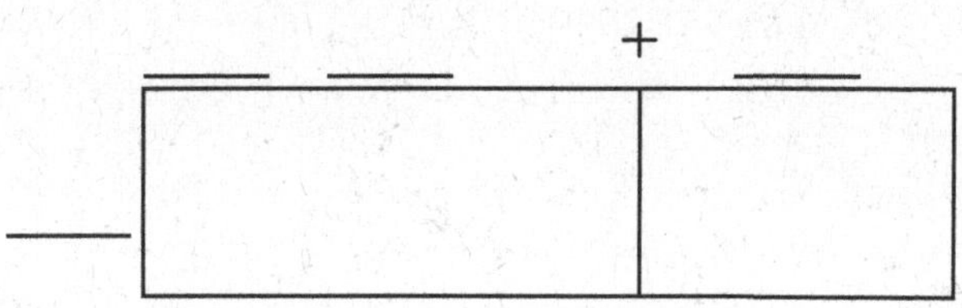

4 · 38 = ______ · (______ + ______)
= ______ + ______
= ______

Dibuja un modelo de área y usa el método de notación algebraica para resolver el problema.

Muestra tu trabajo.

❸ El Sr. Henderson necesita madera para construir la plataforma de su remolque. La plataforma mide 8 pies por 45 pies. ¿Cuál es el área de la plataforma que el Sr. Henderson necesita cubrir con madera?

____

2-7
Recuerda

Nombre Fecha

Resta. Muestra tus nuevos grupos.

1. $$\begin{array}{r} 4{,}000 \\ -\ 1{,}946 \\ \hline \end{array}$$

2. $$\begin{array}{r} 8{,}441 \\ -\ 7{,}395 \\ \hline \end{array}$$

3. $$\begin{array}{r} 9{,}340 \\ -\ 8{,}614 \\ \hline \end{array}$$

4. $$\begin{array}{r} 1{,}587 \\ -\ 1{,}200 \\ \hline \end{array}$$

5. $$\begin{array}{r} 6{,}193 \\ -\ 3{,}295 \\ \hline \end{array}$$

6. $$\begin{array}{r} 4{,}006 \\ -\ 2{,}631 \\ \hline \end{array}$$

Usa el método de notación desarrollada para resolver el problema. Completa los pasos.

7. 5×68 _______

8. **Amplía tu razonamiento** Jenna hizo 6 brazaletes con 32 cuentas cada uno. Kayla hizo 7 brazaletes con 29 cuentas cada uno. ¿Quién usó más cuentas? Usa la propiedad distributiva para resolver el problema.

____

____

____

____

____

____

2-8
Haz la tarea

Nombre ______________________ Fecha ______________

Usa cualquier método para resolver. Bosqueja un modelo de rectángulo si es necesario.

1. 7×62 ______
2. 6×63 ______
3. 6×82 ______
4. 57×7 ______
5. 5×76 ______
6. 4×65 ______
7. 7×83 ______
8. 36×9 ______
9. 27×8 ______

Resuelve cada problema

Muestra tu trabajo.

10. 94 personas asisten a un lujoso almuerzo de seis platillos. El primer platillo consiste en sopa, que sólo requiere una cuchara. Cada uno de los platillos restantes requerirá de un tenedor limpio. ¿Cuántos tenedores se usarán?

____

11. Leo usa letras de plástico para hacer carteles. Una cadena de tiendas le pide a Leo que ponga carteles en el frente de sus 63 tiendas que digan "OFERTA: TODOS LOS VESTIDOS A MITAD DE PRECIO". ¿Cuántas letras "S" de plástico necesita Leo?

____

2-8 Recuerda

Nombre ______________________ Fecha ______________

Resta. Al terminar, suma para comprobar las restas. Muestra tu trabajo.

1. 6,459 − 921 = ______________

   Comprobación: ______________

2. 5,603 − 3,284 = ______________

   Comprobación: ______________

3. 7,863 − 2,734 = ______________

   Comprobación: ______________

4. 9,582 − 1,447 = ______________

   Comprobación: ______________

Usa el método de notación algebraica para resolver cada problema. Completa los pasos.

5. 4 · 93 ________

6. 3 · 78 ________

7. **Amplía tu razonamiento** Xander dice que el método de valor posicional por secciones, el método de notación desarrollada y el método de notación algebraica de multiplicación de un número de un dígito por un número de dos dígitos son muy similares. ¿Estás de acuerdo o en desacuerdo? Explica.

2-9
Haz la tarea

Nombre ____________________ Fecha ____________

Resuelve usando cualquier método numérico. Usa el redondeo y la estimación para comprobar que tu respuesta tiene sentido.

1. 35×9
2. 79×5
3. 56×3
4. 94×2
5. 68×4
6. 27×8
7. 82×6
8. 43×7

Resuelve cada problema.

Muestra tu trabajo.

9. Describe cómo resolviste uno de los ejercicios de arriba. Escribe al menos dos oraciones.

10. Mario escribió el alfabeto completo (26 letras) 9 veces. ¿Cuántas letras escribió?

11. Alan tiene 17 paquetes de recortes de revistas. Cada uno contiene 9 figuras. ¿Cuántas figuras tiene en total?

2-9
Recuerda

Nombre ____________________ Fecha ____________

Suma o resta.

1. $\begin{array}{r} 6{,}095 \\ +\ 2{,}382 \\ \hline \end{array}$

2. $\begin{array}{r} 53{,}894 \\ -\ 12{,}914 \\ \hline \end{array}$

3. $\begin{array}{r} 629{,}137 \\ -\ 508{,}978 \\ \hline \end{array}$

Resuelve cada problema. Muestra tu trabajo.

4. Durante la primera mitad de un juego de básquetbol universitario ingresaron 24,196 espectadores al centro deportivo. Durante la segunda mitad, 2,914 espectadores se fueron y entraron otros 4,819 espectadores. ¿Cuántos espectadores había en el centro deportivo al final del juego?

____

5. Milos tenía tres conjuntos de bloques de construcción. El primer conjunto tenía 491 piezas. El segundo conjunto tenía 624 piezas. Milos combinó los tres conjuntos para un total de 1,374 piezas. ¿Cuántas piezas había en el tercer conjunto?

____

Usa cualquier método para resolver. Bosqueja un modelo de rectángulo si es necesario.

6. 6 × 23 __________

7. 8 × 44 __________

8. 3 × 95 __________

9. **Amplía tu razonamiento** Una biblioteca tiene 3 estantes con 38 libros en cada uno y 4 estantes con 29 libros en cada uno. ¿Cuántos libros hay en la biblioteca? Usa cualquier método para resolver. Muestra tu trabajo.

____

2-10
Haz la tarea

Nombre ________________ Fecha ________________

Bosqueja rectángulos y resuelve con cualquier método que se relacione con tu bosquejo.

1. 3 × 687 ________

2. 8 × 572 ________

3. 5 × 919 ________

4. 6 × 458 ________

5. Un estacionamiento cobra $5 por vehículo. El estacionamiento tiene 327 espacios para los vehículos. Si el estacionamiento está lleno, ¿cuánto dinero ingresa?

Muestra tu trabajo.

____

6. El carro de Susie puede recorrer aproximadamente 342 millas con un tanque de gasolina. Llenó el tanque de gasolina 4 veces este mes. Aproximadamente, ¿cuántas millas recorrió Susie este mes?

____

7. Zach completó sus álbumes con 134 páginas de tarjetas coleccionables. Cada página contiene 9 tarjetas. ¿Cuántas tarjetas coleccionables tiene Zach en sus álbumes?

____

8. Escribe y resuelve un problema de multiplicación relacionado con un número de tres dígitos.

____

____

____

2-10
Recuerda

Nombre ______________________ Fecha ______________

Responde cada pregunta sobre la información de la tabla.

1. ¿Cuál es la población combinada de Midborough y Bigville?

   ____

2. ¿Cuántos habitantes más viven en Superburg que en Smalltown?

   ____

Población de cinco ciudades	
Smalltown	38,346
Midborough	49,725
Centervale	79,086
Bigville	123,267
Superburg	184,903

Usa cualquier método para resolver. Bosqueja un modelo de rectángulo si es necesario.

3. $3 \times 91 =$ __________
4. $7 \times 65 =$ __________
5. $6 \times 84 =$ __________

Resuelve usando cualquier método numérico. Usa el redondeo y la estimación para ver si tu respuesta tiene sentido.

6. $\begin{array}{r} 45 \\ \times\ 7 \\ \hline \end{array}$

7. $\begin{array}{r} 28 \\ \times\ 9 \\ \hline \end{array}$

8. $\begin{array}{r} 81 \\ \times\ 7 \\ \hline \end{array}$

9. $\begin{array}{r} 56 \\ \times\ 3 \\ \hline \end{array}$

10. **Amplía tu razonamiento** Sin importar si usas el método de valor posicional por secciones, el método de notación desarrollada o el método de notación algebraica, se pueden usar los mismos pasos básicos para multiplicar un número de un dígito por un número de tres dígitos. Ordena estos pasos del 1 al 3.

    __________ Sumar los productos parciales.

    __________ Escribir el número de tres dígitos de forma desarrollada.

    __________ Multiplicar el número de un dígito por cada uno de los valores en forma desarrollada.

2-11
Haz la tarea

Nombre ____________________ Fecha ____________________

Tacha la información numérica adicional y resuelve.

Muestra tu trabajo.

1. Un encuentro de gimnastas dura 2 horas. Hay 8 competidores y cada uno compite en 4 eventos. ¿Cuántos eventos habrá?

____

2. George gana $20 cortando césped por 4 horas cada semana. Quiere comprar el carro usado de su abuela por $2,500. Ha ahorrado este dinero durante 30 semanas. ¿Cuánto ha ahorrado?

____

Di qué información adicional se necesita para resolver el problema.

3. Michelle ahorra $20 por semana para comprar la bicicleta de sus sueños. ¿Cuánto le falta para comprar la bicicleta?

____

4. Una maestra ve una oferta de paquetes de lápices. Quiere dar un lápiz a cada uno de sus estudiantes. ¿Cuántos paquetes debería comprar?

____

Resuelve cada problema y rotula tu respuesta. Escribe preguntas escondidas si es necesario.

5. Hay 18 ventanas en cada lado de un edificio rectangular. Al limpiavidrios le toma 3 minutos en limpiar cada ventana. ¿Cuántos minutos tomará terminar el trabajo?

____

6. Cada mes, la oficina de la escuela imprime un boletín escolar que usa dos hojas de papel. Hacen 35 copias para cada salón de clases. ¿Cuántas hojas necesitan para imprimir copias para 10 salones de clases?

____

2-11 Recuerda

Nombre ______________________ Fecha ______________

Suma o resta.

1. $\begin{array}{r} 5{,}900 \\ -\ 1{,}386 \\ \hline \end{array}$

2. $\begin{array}{r} 54{,}371 \\ +\ 12{,}703 \\ \hline \end{array}$

3. $\begin{array}{r} 800{,}000 \\ -\ 753{,}192 \\ \hline \end{array}$

Resuelve usando cualquier método numérico. Usa el redondeo y la estimación para comprobar tu trabajo.

4. $\begin{array}{r} 83 \\ \times\ 5 \\ \hline \end{array}$

5. $\begin{array}{r} 36 \\ \times\ 2 \\ \hline \end{array}$

6. $\begin{array}{r} 94 \\ \times\ 6 \\ \hline \end{array}$

7. $\begin{array}{r} 44 \\ \times\ 8 \\ \hline \end{array}$

Dibuja un modelo rectangular. Resuelve usando cualquier método que se relacione con el modelo.

8. $6 \times 358 =$ __________

9. $4 \times 692 =$ __________

10. **Amplía tu razonamiento** Escribe un problema relacionado con la multiplicación y la suma. Incluye información numérica adicional. Resuelve el problema y muestra tu trabajo.

____

____

____

____

____

____

____

2-12
Haz la tarea

Nombre ______________________ Fecha ______________

Bosqueja un modelo de área para cada ejercicio. Luego halla el producto.

1. 74 × 92 ________

2. 65 × 37 ________

3. 55 × 84 ________

4. 49 × 63 ________

5. 34 × 52 ________

6. 24 × 91 ________

7. Escribe un problema para uno de los ejercicios de arriba.

____

____

____

____

____

____

____

____

____

____

____

Nombre ____________________ Fecha ____________

¿Cuánto es 851,632 redondeado a:

1. la centena más cercana? __________
2. la decena de millar más cercana? __________
3. el millar más cercano? __________
4. la centena de millar más cercana? __________

Compara usando >, < o =.

5. 58,320 ◯ 58,320
6. 642,810 ◯ 64,281
7. 427,900 ◯ 428,000
8. 71,253 ◯ 409,135

Dibuja un modelo rectangular. Resuelve usando cualquier método que se relacione con el modelo.

9. $6 \times 358 =$ __________
10. $4 \times 692 =$ __________

Di qué información adicional se necesita para resolver el problema.

11. Rosalina tejió 8 bufandas para regalar. Usó 38 pies de lana para cada bufanda. ¿Cuánto gastó Rosalina en la lana?

____

12. **Amplía tu razonamiento** ¿Cuántos rectángulos más pequeños hay en un modelo de área que representa 27×83? ¿Por qué? ¿Cuáles son sus dimensiones?

____

____

____

____

____

2-13
Haz la tarea

Nombre ______________________ Fecha ______________

Multiplica usando cualquier método. Si usas un modelo de área para multiplicar, muestra tu bosquejo.

1. 45 × 79 ________
2. 88 × 29 ________
3. 74 × 57 ________
4. 84 × 68 ________

La clase del maestro Gómez aprende sobre la multiplicación. La clase quiere ver qué multiplicaciones pueden hallar en su escuela. Resuelve cada problema.

5. La clase cuenta 37 baldosas a lo largo del frente de su salón de clases y 64 baldosas en uno de los lados. ¿Cuántas baldosas hay en el salón de clases?

   ____

6. La parte posterior de su salón de clases es una pared de ladrillos. Hacia abajo, cuentan 26 filas de ladrillos. De un lado al otro, cuentan 29 ladrillos. ¿Cuántos ladrillos forman la pared?

   ____

7. En la escuela hay 3 salones de clase para cada grado: kindergarten, 1, 2, 3, 4, 5 y 6. En cada salón hay 32 casilleros. ¿Cuántos casilleros hay en toda la escuela?

   ____

8. El auditorio de la escuela tiene 69 filas de asientos. Cada fila tiene 48 asientos. Si 6,000 espectadores quieren ver el espectáculo de talentos de la escuela, ¿cuántas veces tienen que hacer el espectáculo los estudiantes?

   ____

Escribe dos problemas propios de multiplicación. Luego resuelve cada problema.

9. ______________________

10. ______________________

2-13 Recuerda

Nombre ______________________ Fecha ____________

Estima cada suma. Al terminar, resuelve para comprobar tu estimación.

1. 289 + 503 ______________________

2. 4,199 + 684 ______________________

3. 8,128 + 895 ______________________

Tacha la información numérica adicional y resuelve. *Muestra tu trabajo.*

4. Marlene prepara 4 tandas de panecillos para su fiesta. Para cada tanda se necesitan 2 tazas de harina y salen 24 panecillos. ¿Cuántos panecillos tendrá Marlene para la fiesta?

____

5. Un paquete de pilas cuesta $6 y contiene 9 pilas. Trevor compró 3 paquetes de pilas. ¿Cuánto gastó Trevor en pilas?

____

Bosqueja un modelo de área para cada ejercicio. Al terminar, halla el producto.

6. 54 × 38 __________

7. 49 × 75 __________

8. **Amplía tu razonamiento** Jackson usó el método abreviado para multiplicar 84 × 37. ¿Lo resolvió correctamente? Explica.

$$\begin{array}{r} {\scriptstyle 1} \\ {\scriptstyle 2} \\ 84 \\ \times\ 37 \\ \hline 588 \\ +\ 252 \\ \hline 840 \end{array}$$

____

____

____

____

____

2-14
Haz la tarea

Nombre ______________________ Fecha ______________

Resuelve cada problema de multiplicación usando cualquier método. Usa el redondeo y la estimación para comprobar tu trabajo.

1. 45×61 ________
2. 24×56 ________
3. 83×27 ________
4. 39×48 ________
5. 36×96 ________
6. 63×87 ________
7. 58×79 ________
8. 15×92 ________
9. 33×43 ________
10. 76×29 ________
11. 69×63 ________
12. 84×23 ________

2-14
Recuerda

Nombre ______________________ Fecha ______________

Resta. Al terminar, suma para comprobar la resta. Muestra tu trabajo.

1. 8,960 − 1,238 = __________

   Comprobación: ____________________

2. 5,418 − 5,269 = __________

   Comprobación: ____________________

Bosqueja un modelo de área para cada ejercicio. Luego halla el producto.

3. 28 × 94 __________

4. 63 × 88 __________

Usa cualquier método para resolver. Bosqueja un modelo de área si es necesario.

5. 66 × 24 __________

6. 27 × 83 __________

7. 79 × 35 __________

8. **Amplía tu razonamiento** Kia imprime libretas de información. Cada libreta tiene 23 páginas y necesita suficientes copias para 52 lectores. Cada paquete de papel contiene 200 hojas. Estima que necesita 5 paquetes de papel para imprimir las libretas. ¿Tendrá suficiente papel? Explica.

____

____

____

____

____

2-15
Haz la tarea

Nombre ____________________ Fecha ____________

Resuelve usando cualquier método y muestra tu trabajo. Comprueba tu trabajo con la estimación.

1. 55×64 ________
2. 42×67 ________
3. 59×32 ________
4. 78×44 ________
5. 62×23 ________
6. 53×28 ________
7. 71×35 ________
8. 22×66 ________

Resuelve.

Muestra tu trabajo.

9. Keesha camina 12 cuadras a la escuela todos los días. Un día, cuenta 88 cuadrados en la acera de una cuadra. Si cada cuadra tiene la misma cantidad de cuadrados en la acera, ¿cuántos cuadrados recorre Keesha cuando *va* y *vuelve* de la escuela cada día?

____

10. El club de coleccionistas de tarjetas sostiene una reunión. Cada miembro lleva 25 tarjetas deportivas para mostrar y cambiar. Si asisten 35 miembros, ¿cuántas tarjetas llevan en total?

____

11. En una hoja aparte, escribe y resuelve tu propio problema de multiplicación.

____

2-15 Recuerda

Nombre ______________________ Fecha ______________

Suma o resta.

1. $\begin{array}{r} 4{,}659 \\ +\ 2{,}047 \\ \hline \end{array}$

2. $\begin{array}{r} 9{,}380 \\ +\ 1{,}599 \\ \hline \end{array}$

3. $\begin{array}{r} 248{,}266 \\ -\ 147{,}852 \\ \hline \end{array}$

Usa cualquier método para resolver. Bosqueja un modelo de área si es necesario.

4. 26×18 ________

5. 35×64 ________

6. 82×73 ________

7. 91×23 ________

Resuelve usando cualquier método. Usa el redondeo y la estimación para comprobar tu trabajo.

8. 17×44 ________

9. 62×74 ________

10. 53×89 ________

11. 32×96 ________

12. **Amplía tu razonamiento** Greyson planea construir una entrada para el carro que tendrá 84 filas de 14 ladrillos por fila. También construirá un patio trasero con 25 filas de 31 ladrillos por fila. ¿Cuántos *pallets* de ladrillos debería pedir Greyson si cada *pallet* tiene 1,000 ladrillos? Muestra tu trabajo.

____

____

____

____

____

2-16
Haz la tarea

Nombre ____________________ Fecha ____________

Bosqueja un rectángulo para cada problema y resuélvelo usando cualquier método que se relacione con tu bosquejo.

1. $8 \times 6{,}000$

   ____

2. $6 \times 3{,}542$

   ____

3. $7 \times 3{,}124$

   ____

4. $5 \times 7{,}864$

   ____

Muestra tu trabajo.

5. Una escuela participa en una rifa para recaudar dinero para una organización local. La escuela coloca 1,295 boletos de rifa en cada bolsa. La escuela tiene 7 bolsas de boletos de rifa. ¿Cuántos boletos de rifa tiene la escuela?

   ____

6. Una escuela de baile programó 4 presentaciones en un teatro. El teatro tiene 2,763 asientos. Se vendieron todos los boletos de cada presentación. ¿Cuántos boletos se vendieron en total?

   ____

7. Un parque de diversiones recibe alrededor de 3,600 visitantes por día. Aproximadamente, ¿cuántos visitantes recibe el parque de diversiones en una semana?

   ____

Nombre Fecha

Suma o resta.

1. $\begin{array}{r} 23{,}152 \\ -\ 10{,}894 \\ \hline \end{array}$

2. $\begin{array}{r} 308{,}000 \\ -\ 175{,}296 \\ \hline \end{array}$

3. $\begin{array}{r} 827{,}381 \\ +\ 154{,}338 \\ \hline \end{array}$

Resuelve cada problema de multiplicación usando cualquier método. Usa el redondeo y la estimación para comprobar tu trabajo.

4. 21×36 ______
5. 48×16 ______
6. 53×99 ______
7. 64×72 ______

Resuelve usando cualquier método y muestra tu trabajo. Comprueba tu trabajo con la estimación.

8. 45×91 ______
9. 26×33 ______
10. 47×52 ______
11. 87×14 ______

12. **Amplía tu razonamiento** Lily dice que $4 \times 7{,}000$ tiene el mismo producto que $7 \times 4{,}000$. ¿Tiene razón? Explica usando la propiedad asociativa de la multiplicación.

______

______

______

______

2-17
Haz la tarea

Nombre ______________________ Fecha ______________

En una hoja de papel aparte, bosqueja un rectángulo para cada problema y resuélvelo usando cualquier método. Redondea y estima para comprobar tu respuesta.

1. $5 \times 4{,}751$ ____________
2. $7 \times 6{,}000$ ____________
3. $6 \times 5{,}214$ ____________
4. $8 \times 3{,}867$ ____________
5. Describe los pasos que seguiste para una de tus soluciones a los ejercicios 1 a 4.

   ____

   ____

Una clase de cuarto grado cuenta los objetos que hay en el armario de arte. Ayúdalos a terminar de contar.

Muestra tu trabajo.

6. Tienen 6 rollos de papel de manualidades blanco. El papel de los rollos mide 1,275 pies de largo. ¿Cuántos pies de papel de manualidades tienen en total?

   ____

7. Contaron 592 cajas de lápices de colores y 468 cajas de marcadores. Si cada caja contiene 8 lápices o marcadores, ¿cuántos lápices de colores y marcadores tienen en total?

   ____

8. Hallaron 9 cajas de cuentas de vidrio. Hay 1,376 cuentas en cada caja. ¿Cuántas cuentas de vidrio tienen en total?

   ____

9. Hallaron 7 cajas de papel de dibujo. Si cada caja contiene 2,500 hojas, ¿cuántas hojas de papel de dibujo tienen en total?

   ____

2-17
Recuerda

Nombre ______________________ Fecha ____________

Suma o resta.

1. $\begin{array}{r} 82{,}905 \\ -\ 81{,}927 \\ \hline \end{array}$

2. $\begin{array}{r} 53{,}742 \\ +\ 93{,}587 \\ \hline \end{array}$

3. $\begin{array}{r} 400{,}000 \\ -\ 162{,}947 \\ \hline \end{array}$

Resuelve.

Muestra tu trabajo.

4. Marta compró 18 hojas de adhesivos para su álbum. En cada hoja hay 32 adhesivos. ¿Cuántos adhesivos compró Marta para su álbum?

____

Dibuja un modelo de rectángulo. Resuélvelo usando cualquier método que se relacione con el modelo.

5. $3 \times 2{,}816$ ________

6. $7 \times 1{,}578$ ________

7. **Amplía tu razonamiento** Zoe redondeó $6 \times 8{,}493$ a $6 \times 8{,}000$. Andrew redondeó $6 \times 8{,}493$ a $6 \times 9{,}000$. ¿Quién tendrá una estimación más cercana al producto real? ¿Cómo lo sabes? Explica otra manera de estimar $6 \times 8{,}493$ que dé una mejor estimación.

____

____

____

____

____

____

____

____

2-18
Haz la tarea

Nombre ______________________ Fecha ______________

Resuelve usando cualquier método y muestra tu trabajo. Comprueba tu trabajo con una estimación.

1. 6×88 ______

2. 62×32 ______

3. $3 \times 3{,}719$ ______

4. $\begin{array}{r} 63 \\ \times\ 4 \\ \hline \end{array}$

5. $\begin{array}{r} 523 \\ \times\ 8 \\ \hline \end{array}$

6. $\begin{array}{r} 39 \\ \times 19 \\ \hline \end{array}$

7. $\begin{array}{r} 84 \\ \times 47 \\ \hline \end{array}$

8. $\begin{array}{r} 2{,}858 \\ \times\ 9 \\ \hline \end{array}$

9. $\begin{array}{r} 541 \\ \times\ 6 \\ \hline \end{array}$

Resuelve.

10. El Sr. Jackson se va de vacaciones por 22 días. Por cada día que está fuera, paga $17 a Servicios de Casa de Holly para que reciban el correo, paseen al perro y rieguen las plantas. ¿Cuánto paga el Sr. Jackson al Servicios de Casa de Holly por el tiempo que está de vacaciones?

____

11. Un constructor necesita saber el área de una acera que mide 2,381 pies de largo y 7 pies de ancho. ¿Cuál es el área de la acera?

____

2-18
Recuerda

Nombre ____________________ Fecha ____________

Suma o resta.

1. $\begin{array}{r} 38{,}560 \\ +\ 16{,}429 \\ \hline \end{array}$

2. $\begin{array}{r} 272{,}311 \\ -\ 164{,}838 \\ \hline \end{array}$

3. $\begin{array}{r} 815{,}007 \\ +\ 174{,}399 \\ \hline \end{array}$

Dibuja un modelo de rectángulo. Resuelve usando cualquier método que se relacione con el modelo.

4. 9 × 4,572 ________

5. 4 × 8,386 ________

Un encargado de un supermercado pide las frutas y vegetales para el mes. Ayúdalo a hallar cuántos guisantes y cuántas cabezas de ajo hay en su pedido.

Muestra tu trabajo.

6. Pide 4 cajones de guisantes. Cada cajón contiene 3,275 guisantes. ¿Cuántos guisantes pide?

____

7. Pide 9 cajas de cabezas de ajo. Cada caja contiene 1,930 cabezas de ajo. ¿Cuántas cabezas de ajo pide?

____

8. **Amplía tu razonamiento** Un productor de video gana $485 por cada boda que graba y $18 por cada copia adicional del video que piden sus clientes. ¿Cuánto dinero gana el productor durante un verano en el que graba 34 videos y tiene 87 pedidos de copias adicionales? Muestra tu trabajo.

____

____

____

2-19 Haz la tarea

Nombre ______________________ Fecha ______________

Resuelve usando cualquier método y muestra tu trabajo. Comprueba tu trabajo con una estimación.

1. 3×45 ______________

2. 32×82 ______________

3. $9 \times 2{,}477$ ______________

4. $\begin{array}{r} 86 \\ \times\ 4 \\ \hline \end{array}$

5. $\begin{array}{r} 419 \\ \times\ \ 6 \\ \hline \end{array}$

6. $\begin{array}{r} 76 \\ \times\ 39 \\ \hline \end{array}$

7. $\begin{array}{r} 23 \\ \times\ 95 \\ \hline \end{array}$

8. $\begin{array}{r} 6{,}965 \\ \times\ \ \ \ 8 \\ \hline \end{array}$

9. $\begin{array}{r} 746 \\ \times\ \ 5 \\ \hline \end{array}$

Resuelve.

10. Simón hace una matriz que mide 47 unidades de ancho y 33 unidades de largo. ¿Cuál es el área de la matriz de Simón?

____

11. Un agricultor siembra vegetales en filas. Siembra 36 filas de zanahorias con 13 semillas de zanahoria en cada fila. ¿Cuántas semillas de zanahoria sembró el agricultor?

____

Nombre ______________________ Fecha ______________

Suma o resta.

1. 563,902 − 153,884

2. 327,148 − 123,960

3. 650,295 + 101,586

Bosqueja un modelo de rectángulo y resuelve usando cualquier método. Redondea y estima para comprobrar tu respuesta.

4. 6 × 3,916 ________

5. 7 × 2,843 ________

Resuelve usando cualquier método y muestra tu trabajo. Comprueba tu trabajo con la estimación.

6. 7 × 43 ________

7. 48 × 26 ________

8. 4,715 × 3 ________

9. 62 × 91

10. 849 × 6

11. 5,293 × 4

12. **Amplía tu razonamiento** LaDonne tiene un presupuesto de $240 para ropa nueva para la escuela. Necesita al menos dos camisetas nuevas, dos pantalones nuevos y un par de zapatos nuevos. Las camisetas cuestan $18 cada una. Los pantalones cuestan $32 cada uno. Los pares de zapatos cuestan $49. Planea dos combinaciones diferentes de números de camisetas, pantalones y zapatos que LaDonne puede comprar con su presupuesto. ¿Cuál es el costo total de cada plan de compras?

____

____

____

3-1
Haz la tarea

Nombre ______________________ Fecha ______________

Divide con residuos.

1. $5\overline{)29}$
2. $8\overline{)34}$
3. $9\overline{)75}$
4. $2\overline{)13}$
5. $4\overline{)39}$
6. $4\overline{)30}$
7. $7\overline{)45}$
8. $6\overline{)38}$
9. $5\overline{)39}$
10. $3\overline{)25}$
11. $4\overline{)31}$
12. $9\overline{)35}$
13. $4\overline{)27}$
14. $8\overline{)29}$
15. $7\overline{)22}$
16. $3\overline{)26}$
17. $6\overline{)37}$
18. $8\overline{)42}$

3-1
Recuerda

Nombre ______________________ Fecha ______________

Escribe el número de los millares y el número de las centenas de cada número.

1. 4,128

_______ millares

_______ centenas

2. 8,395

_______ millares

_______ centenas

3. 612

_______ millares

_______ centenas

Lee y escribe cada número en forma desarrollada.

4. 94 ______________________

5. 752 ______________________

6. 3,576 ______________________

7. 8,109 ______________________

Lee y escribe cada número en forma estándar.

8. 200 + 30 + 7 ______________

9. 5,000 + 800 + 60 ______________

10. cuatrocientos sesenta y tres ______________

11. ocho mil ciento diez ______________

Halla el área (en unidades cuadradas) de cada rectángulo con las dimensiones dadas.

12. 5×7 ______________________

13. 20×3 ______________________

14. 3×8 ______________________

15. 4×90 ______________________

16. 4×4 ______________________

17. 30×6 ______________________

18. **Amplía tu razonamiento** En el modelo de división se muestran tres términos de vocabulario para la división. Usa estos términos para completar la oración de multiplicación.

$$\text{divisor}\overline{\smash{)}\text{dividendo}}^{\text{cociente}}$$

____________ × ____________ = ____________

3-2
Haz la tarea

Nombre ______________________________ Fecha ______________

Resuelve. Usa el método de secciones de valor posicional para la división.

Charlie tiene 944 tarjetas de béisbol en su colección. Coloca las tarjetas en un álbum con exactamente 4 tarjetas en cada página. ¿Cuántas páginas completa Charlie en su álbum?

____

	200 +	30 +	6 = 236 páginas
4	944 −800	144 −120	24 −24
	144	24	0

1. Una ferretería tiene 834 planchas de madera para entregar a 6 construcciones. Si cada construcción recibe el mismo número de planchas, ¿cuántas planchas recibe cada construcción? __________

_00 +	_0 +	_ = ____

Resuelve. Usa el método de notación desarrollada para la división.

2. Un diseñador de parques diseña un jardín rectangular para mariposas. El plan es que el jardín tenga un área de 1,917 pies cuadrados. Si el jardín tiene 9 pies de ancho, ¿cuál es el largo del jardín? __________

3. Una familia recorre 1,498 millas en carro de Boston, Massachusetts a Miami, Florida. Si recorren la misma cantidad de millas por día durante 7 días, ¿cuántas millas recorrerán por día? __________

3-2
Recuerda

Nombre ____________ Fecha ____________

Redondea cada número a la centena más cercana.

1 591 ____________ **2** 827 ____________ **3** 457 ____________

Redondea cada número al millar más cercano.

4 7,129 ____________ **5** 6,742 ____________ **6** 1,028 ____________

Dibuja un rectángulo. Halla el producto de las decenas, el producto de las unidades y el producto total.

7 4×29 **8** 8×36

Divide con residuos.

9 $7\overline{)38}$ **10** $4\overline{)29}$ **11** $3\overline{)14}$

12 **Amplía tu razonamiento.** Divide 594 por 3 mediante el método de valor posicional por secciones y el método de notación desarrollada. Explica cómo puedes revisar tu respuesta usando la multiplicación.

___00 + ___0 + ___ = ___

3	594		

$3\overline{)594}$

____

____

____

Nombre ______________________ Fecha ______________

Resuelve. Usa el método de valor posicional por secciones y el método de notación desarrollada para la división.

1. _0 + _ = ___

6	564	

6)564

2. _0 + _ = ___

7	245	

7)245

3. _,000 + _00 + _0 + _ = _____

5	9,675			

5)9,675

4. _,000 + _00 + _0 + _ = _____

4	9,536			

4)9,536

3-3
Recuerda

Nombre _______________ Fecha _______________

Lee y escribe cada número en palabras.

1. 73,894 _______________
2. 220,508 _______________
3. 1,000,000 _______________
4. 915,007 _______________

Estima cada producto. Resuelve para comprobar tu estimación.

5. 6 × 42
____
____

6. 3 × 19
____
____

7. 5 × 78
____
____

Resuelve. Usa el método de valor posicional por secciones y el método de notación desarrollada para la división.

8. Una piscina de pelotas de un centro de entretenimiento contiene 2,120 pelotas. Las pelotas se limpian habitualmente con una máquina que contiene cierta cantidad de pelotas a la vez. Si la máquina debe funcionar 8 veces para limpiar todas las pelotas, ¿cuántas pelotas caben en la máquina a la vez?

____

___00 + ___0 + ___ = ___

8	2,120		

$8\overline{)2,120}$

9. **Amplía tu razonamiento** ¿Cuántos dígitos habrá en el cociente si se divide 588 entre 6? Usa el valor posicional para explicar.

____
____
____

Nombre ______ Fecha ______

Divide.

1. $6\overline{)2{,}142}$
2. $4\overline{)886}$
3. $8\overline{)576}$
4. $5\overline{)8{,}265}$
5. $3\overline{)795}$
6. $9\overline{)2{,}664}$
7. $6\overline{)259}$
8. $7\overline{)952}$
9. $3\overline{)7{,}459}$

Resuelve.

Muestra tu trabajo.

10. Para el día de excursión escolar, se divide a los estudiantes en 5 equipos iguales. Cualquier estudiante extra servirá como sustituto. Si participan 243 estudiantes, ¿cuántos estudiantes habrá en cada equipo? ¿Cuántos sustitutos habrá?

______

11. Un puesto de frutas vende paquetes que contienen 1 durazno, 1 pera, 1 manzana, 1 banana y 1 mango cada uno. Hubo una semana en la que vendieron un total de 395 frutas. ¿Cuántos paquetes vendieron?

______

Nombre _______________ Fecha _______________

Compara usando >, < o =.

1. 258,800 ◯ 258,700

2. 142,367 ◯ 342,367

Usa el método de notación algebraica para resolver el problema. Completa los pasos.

3. 7 · 28 _______

Resuelve. Usa los métodos de valor posicional por secciones y de notación desarrollada para la división.

4. ___00 + ___0 + ___ = ___

4	1,036		

$4\overline{)1,036}$

5. **Amplía tu razonamiento** Jenna divide 2,506 entre 4. Explica el error en la solución de Jenna. Luego muestra la solución correcta.

```
    604
 4)2,506
  −2 4
      1
    − 0
     16
   − 16
      0
```

____

____

____

____

____

____

3-5
Haz la tarea

Nombre ______________________ Fecha ______________

Usa cualquier método para resolver.

1. $5\overline{)652}$
2. $4\overline{)940}$
3. $6\overline{)840}$
4. $7\overline{)942}$

5. $5\overline{)6,502}$
6. $6\overline{)8,370}$
7. $4\overline{)5,267}$
8. $8\overline{)9,161}$

Resolver.

9. Joe tenía 145 cacahuates en una bolsa. Dio todos los cacahuates a las 5 ardillas que vio. Si cada ardilla recibió el mismo número de cacahuates, ¿cuántos cacahuates recibió cada ardilla?

____

10. En la escuela Jefferson High School, 1,148 estudiantes querían hacer una excursión. Dado que no todos podían ir al mismo tiempo, fueron en 7 grupos iguales. ¿Cuántos estudiantes había en cada grupo?

____

11. Una empresa de impresiones tiene 1,080 cartuchos de tinta para empaquetar en 9 cajas. Si cada caja contiene la misma cantidad de cartuchos, ¿cuántos cartuchos habrá en cada caja?

____

Nombre ____________ Fecha ____________

La tabla muestra el área total de la superficie del agua de cada uno de los Grandes Lagos. Usa la información de la tabla para responder las siguientes preguntas.

Lago	Área total (kilómetros cuadrados)
Erie	25,655
Hurón	59,565
Michigan	57,753
Ontario	19,009
Superior	82,097

1. ¿Cuál es el área de superficie combinada de los dos Grandes Lagos con el mayor área de superficie?

   ____

2. ¿Cuál es mayor, el área total del lago Michigan o la suma del área total del lago Erie y la del lago Ontario?

   ____

Usa cualquier método para resolver. Si es necesario, bosqueja un modelo de rectángulo.

3. 4×39 ____________
4. 3×71 ____________
5. 7×62 ____________

Divide. Muestra tu trabajo.

6. $5\overline{)1{,}985}$
7. $6\overline{)253}$
8. $7\overline{)1{,}477}$

9. **Amplía tu razonamiento** ¿Qué método prefieres para la división; el método de valor posicional por secciones, el método de notación desarrollada o el método de dígito por dígito? Explica. A continuación, resuelve $6{,}583 \div 4$ con tu método preferido.

   ____

   ____

   ____

3-6
Haz la tarea

Nombre ____________________ Fecha ____________

Resuelve.

1. $3\overline{)21}$ $3\overline{)22}$ $3\overline{)23}$ $3\overline{)24}$ $3\overline{)25}$

2. $7\overline{)21}$ $7\overline{)22}$ $7\overline{)23}$ $7\overline{)24}$ $7\overline{)25}$

3. Describe el patrón de dividendos y cocientes en cada fila de los ejercicios 1 y 2.

____

____

____

____

Usa cualquier método para resolver.

4. $9\overline{)2,359}$

5. $2\overline{)5,389}$

6. $4\overline{)1,648}$

7. $5\overline{)1,456}$

8. $8\overline{)2,506}$

9. $6\overline{)8,473}$

Resuelve.

Muestra tu trabajo.

10. El Sr. James organizó su colección de 861 tarjetas de béisbol en 7 filas iguales. ¿Cuántas tarjetas había en cada fila?

____

11. Una compañía de zapatos tiene 9,728 pares de zapatos para dividir equitativamente entre 8 tiendas. ¿Cuántos pares de zapatos recibirá cada tienda?

____

Nombre ____________________ Fecha ____________

Escribe una oración numérica que muestre una estimación de cada respuesta. A continuación, escribe la respuesta exacta.

1. 413 + 382 ______________________

2. 880 + 394 ______________________

3. 7,056 + 798 ______________________

Bosqueja rectángulos y resuelve usando cualquier método que se relacione con tu bosquejo.

4. 8 × 415 __________

5. 6 × 853 __________

Usa cualquier método para resolver.

6. $7\overline{)325}$

7. $5\overline{)7,390}$

8. $6\overline{)9,329}$

9. **Amplía tu razonamiento** Toby elige entre dos proyectos de arte con cuentas. En el Proyecto A se usa el mismo número de cuentas rojas, negras y verdes con un total de 825 cuentas. El proyecto B usa cuentas verdes y amarillas para un total de 1,020 cuentas. Toby tiene 260 cuentas verdes y no quiere comprar más. Explica cuál de los dos proyectos con cuentas debería elegir Toby.

____

____

____

____

____

____

3-7
Haz la tarea

Nombre ____________________ Fecha ____________

Resolver.

1. $4\overline{)21}$ $4\overline{)22}$ $4\overline{)23}$ $4\overline{)24}$ $4\overline{)25}$

2. $6\overline{)21}$ $6\overline{)22}$ $6\overline{)23}$ $6\overline{)24}$ $6\overline{)25}$

Usa cualquier método para resolver.

3. $8\overline{)6{,}726}$
4. $7\overline{)9{,}259}$
5. $3\overline{)1{,}504}$
6. $2\overline{)8{,}037}$
7. $9\overline{)3{,}385}$
8. $5\overline{)2{,}347}$
9. $6\overline{)9{,}003}$
10. $4\overline{)8{,}360}$

Resolver.

11. En conjunto, los socios de un club de ejercicio beben 840 botellas de agua por mes. Cada socio bebe 8 botellas. ¿Cuántos socios tiene el club?

____

12. En una fábrica hay 7,623 lápices listos para empaquetar. Cada caja contiene 6 lápices. ¿Cuántas cajas llenas de lápices se pueden empaquetar?

____

3-7
Recuerda

Nombre ______________________ Fecha ______________

Resta. Muestra tus nuevos grupos.

1. $\begin{array}{r} 5{,}267 \\ -\ 1{,}390 \\ \hline \end{array}$

2. $\begin{array}{r} 9{,}000 \\ -\ 2{,}482 \\ \hline \end{array}$

3. $\begin{array}{r} 6{,}129 \\ -\ 5{,}773 \\ \hline \end{array}$

Tacha la información numérica adicional y resuelve.

Muestra tu trabajo.

4. Rick vende limonada recién exprimida a $2 por vaso. Rick prepara cada vaso con 2 limones y 4 cucharadas de azúcar. Si vende 27 vasos de limonada, ¿cuánta azúcar usa?

____

5. Un refugio de animales recibe 9 bolsas grandes de alimento para perros todos los meses durante 14 años. Cada bolsa pesa 55 libras. ¿Cuántas libras de alimento para perro recibe el refugio por mes?

____

Resuelve usando cualquier método.

6. $3\overline{)452}$

7. $8\overline{)527}$

8. $4\overline{)3{,}693}$

9. **Amplía tu razonamiento** ¿Cuál es el mayor residuo que puedes obtener con el divisor 3? ¿Y con el divisor 8? ¿Y con el divisor 5? Explica.

____

____

____

____

____

3-8

Haz la tarea

Nombre ________________ Fecha ________

Resuelve mediante cualquier método en una hoja aparte.
Al terminar, comprueba tu respuesta con redondeo y estimación.

1. $3\overline{)246}$
2. $6\overline{)75}$
3. $7\overline{)60}$
4. $3\overline{)256}$
5. $4\overline{)805}$
6. $5\overline{)927}$
7. $4\overline{)325}$
8. $4\overline{)378}$
9. $6\overline{)432}$
10. $5\overline{)1,838}$
11. $4\overline{)2,715}$
12. $7\overline{)3,042}$

Resuelve. *Muestra tu trabajo.*

13. El área de la habitación rectangular de Matt es de 96 pies cuadrados. Si la habitación tiene 8 pies de ancho, ¿cuántos pies tiene de largo?

____

14. Los estudiantes de cuarto grado de la escuela primaria Lincoln asisten a una asamblea. Hay 7 filas iguales de asientos en el salón de actos. Si hay 392 estudiantes en cuarto grado, ¿cuántos estudiantes se sentarán en cada fila?

____

15. Pablo empaca libros en cajones. Tiene 9 cajones. Cada cajón contendrá la misma cantidad de libros. Si tiene 234 libros, ¿cuántos libros se pueden colocar en cada cajón?

____

Nombre _______________ Fecha _______________

Suma o resta.

❶ $\begin{array}{r} 1{,}429 \\ +\ 3{,}882 \\ \hline \end{array}$

❷ $\begin{array}{r} 28{,}178 \\ -\ 13{,}428 \\ \hline \end{array}$

❸ $\begin{array}{r} 500{,}000 \\ -\ 61{,}835 \\ \hline \end{array}$

Bosqueja un modelo de área para cada ejercicio. Al terminar, halla el producto.

❹ 27×59 ________

❺ 36×92 ________

Resuelve usando cualquier método.

❻ $9\overline{)271}$

❼ $6\overline{)2{,}436}$

❽ $4\overline{)2{,}139}$

❾ **Amplía tu conocimiento** Katherine evalúa dos planes nuevos para su teléfono celular. No quiere gastar más en minutos que no usa. Un plan ofrece hasta 250 minutos por mes por $49, y el otro plan ofrece hasta 350 minutos por mes por $65. En los últimos 6 meses, usó 1,470 minutos. Usa la estimación y la respuesta exacta para determinar cuál es el mejor plan de telefonía celular para Katherine.

____

____

____

____

Nombre ____________________ Fecha ____________

Resuelve. Escribe el residuo como número entero.

1. $7\overline{)7{,}012}$
2. $9\overline{)8{,}410}$
3. $2\overline{)7{,}825}$
4. $5\overline{)3{,}512}$
5. $6\overline{)6{,}618}$
6. $8\overline{)7{,}225}$

Resuelve. Luego explica el significado del residuo.

7. El director Clements quiere comprar un lápiz para cada uno de los 57 estudiantes de cuarto grado de la escuela. Los lápices vienen en paquetes de 6. ¿Cuántos paquetes tiene que comprar el director Clements?

8. Tyler tiene 71 CD en su colección. Coloca los CD en una carpeta que contiene 4 CD en cada página. Si Tyler llena cada página, ¿cuántos CD habrá en la última página?

9. Amanda y su familia recorren un sendero de 46 millas de largo. Planean recorrer exactamente 7 millas por día. ¿En cuántos días recorrerán exactamente las 7 millas?

10. Cesar prepara 123 onzas de una mezcla de frutos secos. Coloca la misma cantidad de onzas en cada una de 9 bolsas. ¿Cuántas onzas de mezcla de frutos secos sobran?

Nombre ______________________ Fecha ______________

La tabla muestra el conteo de palabras de cada uno de los cinco libros de una serie. Usa la tabla para responder las preguntas. Estima para comprobar.

Libro	Conteo de palabras
1	82,647
2	91,313
3	109,842
4	73,450
5	90,216

1. ¿Cuántas palabras más hay en el libro 2 que en el libro 1?

2. ¿Cuál es la diferencia entre el libro con el mayor número de palabras y el libro con el menor número de palabras?

Resuelve cada problema de multiplicación usando cualquier método. Usa el redondeo y la estimación para revisar tu trabajo.

3. 39×52
4. 81×76
5. 18×63
6. 45×91

Resuelve usando cualquier método. Luego comprueba tu respuesta con redondeo y estimación.

7. $7\overline{)65}$
8. $3\overline{)289}$
9. $8\overline{)5{,}024}$

10. **Amplía tu razonamiento** Escribe un problema que se resuelva con $43 \div 5 = 8$ R3, y en el que el residuo sea la única parte necesaria para responder la pregunta.

Nombre ______________________ Fecha ______________

Cuando los grupos de cuarto grado de la Escuela Primaria Kent estudiaban las mariposas, hicieron una excursión a un jardín de mariposas.

Usa la operación o la combinación de operaciones correcta para resolver cada problema.

Muestra tu trabajo.

1. Nueve autobuses con estudiantes, maestros y padres fueron a la excursión. Si en 5 de los autobuses iban 63 personas en cada uno y en los otros autobuses, 54 personas en cada uno, ¿cuántas personas fueron en total?

____

____

2. Algunas mariposas hembras ponen huevos en racimos. Si un tipo de mariposa pone 12 huevos a la vez y otro tipo de mariposa pone 18 huevos a la vez, ¿cuántos huevos pondrían 8 mariposas de cada tipo?

____

____

3. Los maestros dividieron a los estudiantes en grupos de 3. Cada grupo de 3 escribió un informe que tenía 9 imágenes. Los estudiantes usaron 585 imágenes en total. ¿Cuántos estudiantes había en total?

____

4. El viaje al jardín de mariposas demoró 45 minutos de ida y 45 minutos de vuelta. Los estudiantes pasaron 3 horas en el jardín y 30 minutos almorzando. Si los grupos se fueron de la escuela a las 9:00 a. m., ¿a qué hora volvieron?

____

____

____

Nombre ______________________ Fecha ______________

Suma o resta.

❶ $\begin{array}{r} 5{,}833 \\ -\ 2{,}159 \\ \hline \end{array}$

❷ $\begin{array}{r} 49{,}802 \\ +\ 15{,}658 \\ \hline \end{array}$

❸ $\begin{array}{r} 98{,}139 \\ -\ 27{,}345 \\ \hline \end{array}$

Bosqueja rectángulos y resuelve usando cualquier método que se relacione con tu bosquejo.

❹ $5 \times 6{,}294$ ________

❺ $8 \times 1{,}375$ ________

Resuelve. Al terminar, explica el significado del residuo.

❻ Vince tiene 138 tarjetas de artistas. Las ordena en un álbum donde caben 4 tarjetas por página. Si Vince llena cada página, ¿cuántas tarjetas hay en la última página?

❼ Amber trabaja en un programa de ejercicios de matemáticas en Internet. Tiene exactamente 300 segundos para resolver tantos problemas como pueda. Si le toma 7 segundos resolver cada problema, ¿cuántos problemas resuelve?

❽ **Amplía tu razonamiento** Durante el otoño, Wesley completó una carrera de natación en 58 segundos y Aiden, en 54 segundos. Durante la primavera, hicieron la misma carrera de natación. A Wesley le tomó 53 segundos completarla y a Aiden, 52 segundos. ¿Cuánto mejoró el tiempo de uno de los niños con respecto al tiempo del otro niño? Explica.

3-11
Haz la tarea

Nombre ______________________ Fecha ______________

Divide.

1. $5\overline{)456}$
2. $4\overline{)1{,}247}$
3. $7\overline{)829}$
4. $6\overline{)2{,}254}$
5. $3\overline{)729}$
6. $8\overline{)658}$
7. $9\overline{)4{,}437}$
8. $5\overline{)3{,}649}$
9. $6\overline{)875}$

Resuelve.

Muestra tu trabajo.

10. Sharon tiene 1,278 cuentas para hacer brazaletes. Las clasifica en 6 recipientes diferentes para tener la misma cantidad de cuentas en cada recipiente. ¿Cuántas cuentas pondrá en cada recipiente?

____

11. Kyle colecciona tarjetas de béisbol. Coloca las tarjetas en un álbum que tiene 9 tarjetas por página. Tiene un total de 483 tarjetas de béisbol. Llena cada página antes de poner tarjetas en la página siguiente. ¿Cuántas tarjetas habrá en la última página?

____

Nombre ______________________ Fecha ______________

Responde cada pregunta con la información de la tabla.

1. ¿Cuál fue la cantidad total de donaciones al teatro en los años 2007 y 2009 combinados?

____

2. ¿Cuánto más se donó en 2010 que en 2006?

____

Donaciones a un teatro para niños

Año	Donaciones
2006	$26,304
2007	$28,315
2008	$63,418
2009	$53,237
2010	$86,061

Resuelve usando cualquier método y muestra tu trabajo. Revisa tu trabajo con estimación.

3. 26 × 6 __________

4. 932 × 7 __________

5. 2,107 × 8 __________

Usa la operación o la combinación de operaciones correcta para resolver el problema.

Muestra tu trabajo.

6. Selena vendió 9 brazaletes caseros por $12 cada uno y 14 pares de aretes por $8 cada uno. ¿Cuánto dinero recaudó?

____

7. **Amplía tu razonamiento** En una pista de patinaje, Emma da 21 vueltas a un ritmo constante durante una canción de 5 minutos. Dividió 21 ÷ 5 = 4 R1 y dice que significa que hizo 4 + 1 = 5 vueltas por minuto. Explica el error de Emma.

____

____

____

Nombre ______ Fecha ______

¿Redondearías el divisor hacia arriba o hacia abajo para estimar el primer dígito del cociente? Encierra en un círculo tu respuesta. Luego completa cada ejercicio usando cualquier método que elijas.

1. $22\overline{)390}$

   arriba abajo

2. $28\overline{)611}$

   arriba abajo

3. $31\overline{)129}$

   arriba abajo

4. $18\overline{)837}$

   arriba abajo

5. $17\overline{)310}$

   arriba abajo

6. $23\overline{)189}$

   arriba abajo

7. $19\overline{)291}$

   arriba abajo

8. $43\overline{)440}$

   arriba abajo

9. Explica el método que elegiste para resolver el ejercicio 8.

______

______

______

______

3-12
Recuerda

Nombre ______________________ Fecha ______________

Estima cada producto. Resuelve para comprobar la estimación.

1. 5×33
2. 91×7
3. 8×82
4. 81×4
5. 24×2
6. 6×45
7. 9×91
8. 88×6
9. 7×47

10. Un parque estatal cobra una tarifa de entrada de $7.00 por carro. Durante un sábado, 73 carros entraron al parque. ¿Cuál es el total recaudado por las entradas?

11. El Dr. Kosteck pide 17 cajas de 36 tubos de ensayo para realizar un experimento. ¿Cuántos tubos de ensayo pidió en total?

12. Un restaurant atiende a 67 comensales en una noche. Cada comensal recibe una ensalada, un plato principal y una guarnición, cada uno en un plato diferente. ¿Cuántos platos se usan?

13. **Amplía tu razonamiento** ¿Cuál es el residuo más grande posible si divides dos números enteros y el divisor es 22? Explica tu razonamiento.

3-13
Haz la tarea

Nombre ______ Fecha ______

Piensa en qué tipo de divisor es más probable que lleve a un número estimado incorrecto. Prueba tu idea haciendo el primer paso de cada problema.

1. $21\overline{)388}$
2. $15\overline{)320}$
3. $24\overline{)904}$
4. $39\overline{)817}$
5. $14\overline{)579}$
6. $32\overline{)998}$
7. $51\overline{)623}$
8. $46\overline{)877}$
9. ¿Qué tipo de divisor es más probable que lleve a un número estimado que sea incorrecto? ¿Qué ajustes puedes hacer en estos casos?

   ______

   ______

   ______

10. George siembra 157 plantas de frijoles en filas de 18 plantas cada una. ¿Cuántas filas llenará por completo? ¿Cuántas plantas de frijoles habrá en la última fila que no se llenará por completo?

    ______

11. Sandra tiene una bandeja dividida en 36 compartimientos. Coloca una cuenta en cada compartimiento, luego una segunda cuenta en cada compartimiento y continúa así hasta que se queda sin cuentas. Tiene 227 cuentas. ¿Cuántas veces puede poner cuentas en los 36 compartimientos?

    ______

3-13
Recuerda

Nombre ______________________ Fecha ______________

Bosqueja un rectángulo para cada problema y resuelve usando cualquier método que se relacione con tu bosquejo.

1. $9 \times 4{,}000 =$ ____________

2. $7 \times 3{,}957 =$ ____________

3. $8 \times 2{,}943 =$ ____________

4. $5 \times 1{,}982 =$ ____________

5. Cada folleto de una muestra de arte tiene 8 páginas. La galería imprime 182 folletos. ¿Cuántas páginas hay en total?

____

6. Cada caja de bombillas contiene 244 bombillas. Un almacén tiene 9 cajas en existencia. ¿Cuántas bombillas hay en las cajas?

____

7. **Amplía tu razonamiento** Describe cómo estimarías el primer número del cociente para la división $497 \div 22$.

____

____

3-14
Haz la tarea

Nombre ______________________ Fecha ____________

Resuelve. Al terminar, usa numeros compatibles para comprobar la solución.

1. $27\overline{)216}$

2. 19×12

3. $16\overline{)512}$

4. 28×14

5. $84\overline{)924}$

6. 26×15

7. $11\overline{)330}$

8. 46×21

9. $56\overline{)952}$

10. El Sr. Lang compra un celular nuevo por $408. Realiza 24 pagos mensuales iguales por el teléfono. ¿De cuánto es cada pago?

____

11. Sheila corta tiras de cinta de 21 pulgadas. Corta 47 tiras de cinta. ¿Cuánto medía la cinta antes de que la cortara?

____

12. Explica cómo estimarías el cociente para 797 ÷ 21 usando números compatibles.

____

3-14 Recuerda

Nombre ______________________ Fecha ______

Divide.

1. $9\overline{)8{,}532}$
2. $6\overline{)3{,}168}$
3. $8\overline{)6{,}250}$
4. $3\overline{)2{,}329}$
5. $7\overline{)4{,}907}$
6. $8\overline{)4{,}384}$
7. $9\overline{)7{,}245}$
8. $5\overline{)4{,}944}$
9. $8\overline{)4{,}328}$

10. Cada vagón del tren subterráneo tiene 64 asientos. Hay 527 pasajeros. ¿Cuántos vagones se necesitan para llevar a todos los pasajeros y que todos tengan un asiento?

____

11. **Amplía tu razonamiento** ¿Cuáles dos números elegirías para estimar 585 ÷ 19? Da una estimación del cociente y explica tu razonamiento.

____

____

Nombre ____________ Fecha ____________

Simplifica cada expresión.

1. $11m - 9m =$ ____
2. $y + 8y =$ ____
3. $13s - s =$ ____
4. $d + 2d + d =$ ____
5. $(9b - b) - 2b =$ ____
6. $104z + z =$ ____
7. $21 - (10 - 5) =$ ____
8. $(900 - 100) - 100 =$ ____
9. $90 - (50 - 1) =$ ____
10. $18 \div (27 \div 9) =$ ____
11. $(63 \div 7) \div 9 =$ ____
12. $40 \div (36 \div 9) =$ ____
13. $(48 \div 6) \cdot (11 - 9) =$ ______
14. $(3 + 17) \div (16 - 12) =$ ______
15. $(15 + 10) - (50 \div 10) =$ ______
16. $(19 + 11) \div (9 - 6) =$ ______

Evalúa.

17. $c = 3$

    $4 \cdot (7 - c)$

    ____
18. $r = 2$

    $(42 \div 7) \cdot (r + 1)$

    ____
19. $w = 7$

    $(72 \div 9) \cdot w$

    ____
20. $m = 0$

    $(12 \div 3) \cdot (5 - m)$

    ____
21. $h = 14$

    $45 \div (h - 5)$

    ____
22. $p = 19$

    $(p + 1) \div (9 - 4)$

    ____
23. $v = 6$

    $(18 - 9) + (2 + v)$

    ____
24. $t = 1$

    $(7 \cdot 2) \div t$

    ____
25. $g = 10$

    $(g + 90) \div (17 - 13)$

    ____

Halla □ o *n*.

26. $7 \cdot (3 + 2) = 7 \cdot \square$

    $\square =$ ____
27. $(9 - 1) \cdot 4 = \square \cdot 4$

    $\square =$ ____
28. $8 \cdot (4 + 5) = \square \cdot 9$

    $\square =$ ____
29. $6 \cdot (8 - 8) = n$

    $n =$ ____
30. $(12 - 6) \div 3 = n$

    $n =$ ____
31. $(21 \div 7) \cdot (5 + 5) = n$

    $n =$ ____

4-1
Recuerda

Nombre ______________________ Fecha ______________

Lee y escribe cada número de forma desarrollada.

1. noventa y seis mil ciento treinta y siete

____

2. cuatrocientos trece mil quinientos veintiuno

____

3. setecientos ocho mil cincuenta y tres

____

4. seiscientos treinta mil cuatrocientos diecisiete

____

Halla el área (en unidades cuadradas) de cada rectángulo con las dimensiones dadas.

5. 4×6 ______________ 6. 4×60 ______________

7. 5×9 ______________ 8. 50×9 ______________

Divide con residuos.

9. $9\overline{)28}$ 10. $3\overline{)17}$ 11. $6\overline{)46}$ 12. $7\overline{)54}$

13. **Amplía tu razonamiento** Evalúa la expresión $(d - 10) + (d \div 3)$ para $d = 21$. Explica cada paso.

____

____

____

____

____

Nombre ______________________ Fecha ____________

Escribe $=$ o $\neq$ para que cada afirmación sea verdadera.

1. $5 + 2 + 6$ ◯ $6 + 7$
2. 90 ◯ $110 - 9$
3. 70 ◯ $30 + 30$
4. 70 ◯ $95 - 25$
5. $2 + 8 + 10$ ◯ 30
6. $27 - 10$ ◯ $14 + 3$
7. $51 + 99$ ◯ 150
8. 35 ◯ $100 - 55$
9. 50 ◯ $20 + 5 + 20$
10. Escribe las ocho ecuaciones de suma y resta relacionadas para el dibujo de descomposición.

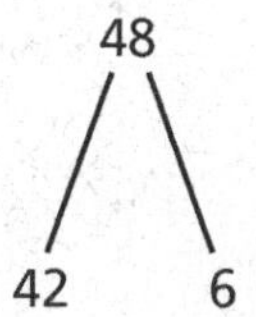

______________ ______________
______________ ______________
______________ ______________
______________ ______________

Escribe una ecuación para resolver el problema. Si es necesario, dibuja un modelo.

Muestra tu trabajo.

11. Había bastante gente en la feria de arte y artesanías. Se fueron 347 personas. Ahora quedan 498 personas en la feria. ¿Cuántas personas había en la feria al principio?

____
____

12. Un grupo de científicos dedica 3,980 horas a observar el comportamiento de las mariposas monarca. Dedican unas horas más a registrar las observaciones. En total, los científicos dedican 5,726 horas a observar a las mariposas y registrar sus observaciones. ¿Cuántas horas dedican los científicos a registrar las observaciones?

____
____

Nombre ______ Fecha ______

Resuelve.

1. ¿Qué da al redondear 538,152 a:

   a. la centena más cercana? ______ b. el millar más cercano? ______

   c. la decena de millar más cercana? ______ d. la centena de millar más cercana? ______

Dibuja un modelo de rectángulo. Halla el producto de las decenas, el producto de las unidades y el producto total.

2. 3×65

3. 8×29

Evalúa cada expresión.

4. $(12 - 4) \cdot (6 + 3) =$ ______

5. $(8 \div 2) + (12 - 2) =$ ______

6. **Amplía tu razonamiento** Se vendieron 381 libros en la feria de libros usados para niños. Al final del día, aún quedaban 493 libros. Samantha dice que había 112 libros al comienzo de la feria. Explica el error. ¿Cuántos libros había al comienzo de la feria del libro?

______

______

______

______

4-3
Haz la tarea

Nombre ______________________ Fecha ____________

1. Escribe las ocho ecuaciones de multiplicación y división relacionadas para el siguiente modelo de rectángulo.

15

6 | 90

______________ ______________

______________ ______________

______________ ______________

______________ ______________

Resuelve cada ecuación.

2. $r = 200 \div 5$

$r =$ ______

3. $12 \times d = 84$

$d =$ ______

4. $80 \div 10 = n$

$n =$ ______

5. $120 = 10 \times m$

$m =$ ______

6. $88 = 8 \times c$

$c =$ ______

7. $100 \div q = 20$

$q =$ ______

Escribe una ecuación para resolver el problema. Si es necesario, dibuja un modelo.

Muestra tu trabajo

8. Lucy compró arbustos para sembrar en su jardín. Cada arbusto cuesta \$9. Si Lucy gastó \$216 en total, ¿cuántos arbustos compró?

____

____

9. Jeremiah tiene 592 folletos en pilas de 8 folletos cada uno. ¿Cuántas pilas de folletos hizo Jeremiah?

____

____

10. Las manzanas de un árbol de tamaño promedio llenan 20 canastas. Si una huerta tiene 17 árboles de tamaño promedio, ¿cuántas canastas de manzanas puede producir?

____

____

4-2
Recuerda

Nombre ______________________ **Fecha** __________

Usa el método de notación algebraica para resolver el problema. Completa los pasos.

1 $5 \cdot 68$ ____________

$68 =$ ___ + ___

___ [|]

$5 \cdot 68 =$ ___ $\cdot$ (___ + ___)

$= 300 + 40$

$= 340$

Resuelve. Usa los métodos de valor posicional por secciones y de notación desarrollada para la división.

2 ___0 + ___ = ___

3 [234 |]

$3\overline{)234}$

3 ___0 + ___ = ___

9 [468 |]

$9\overline{)468}$

Escribe = o ≠ para hacer que cada oración sea verdadera.

4 $40 + 40$ ◯ 90

5 $12 - 4$ ◯ $12 + 4$

6 $4 + 7$ ◯ $4 + 2 + 5$

7 26 ◯ $30 - 4$

8 $8 + 10 + 2$ ◯ 20

9 $85 - 25$ ◯ 65

10 **Amplía tu razonamiento** Escribe un problema sobre piezas de rompecabezas usando la ecuación $9 \times p = 450$. Luego resuelve la ecuación.

____

____

____

____

Nombre _______________ Fecha _______________

Usa las figuras para responder los ejercicios 1 a 4.

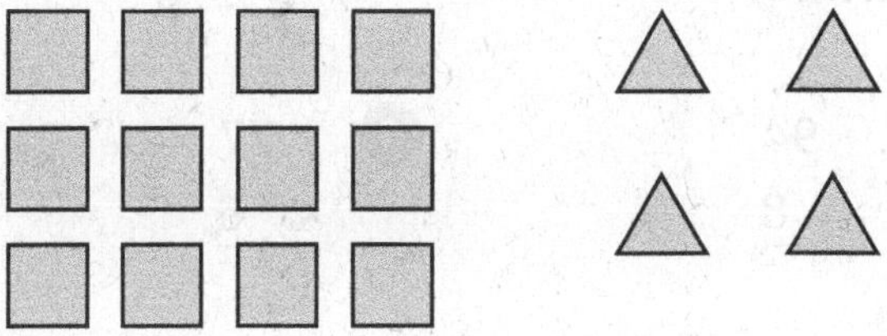

1. ¿Cuántos cuadrados hay? ¿Cuántos triángulos hay? Usa la multiplicación para hallar las respuestas.

____

2. Dado que 4 × _____ = 12, hay _____ veces más cuadrados que triángulos.

3. Escribe una ecuación de multiplicación que compare el número de cuadrados *c* con el número de triángulos *t*.

____

4. Escribe una ecuación de división que compare el número de triángulos *t* con el número de cuadrados *c*.

____

Resuelve cada problema de comparación.

5. Stephen y Rocco jugaron un videojuego. Stephen obtuvo 2,500 puntos, 5 veces la cantidad de puntos que obtuvo Rocco. ¿Cuántos puntos obtuvo Rocco?

____

6. El perro de Nick pesa 72 libras. El gato de Elizabeth pesa 9 libras. ¿Cuántas veces más pesado es el perro de Nick que el gato de Elizabeth?

____

Nombre ______________________ Fecha ______________

Resuelve con cualquier método numérico. Usa el redondeo y la estimación para ver si tu respuesta tiene sentido.

1. 71×4

2. 36×5

3. 94×8

4. 77×6

Divide.

5. $6\overline{)89}$

6. $5\overline{)485}$

7. $4\overline{)743}$

Resuelve cada ecuación.

8. $9 \times n = 108$

   $n =$ ____________

9. $40 \div t = 10$

   $t =$ ____________

10. $r = 56 \div 7$

    $r =$ ____________

11. **Amplía tu razonamiento.** Escribe y resuelve un problema que corresponda con las siguientes barras de comparación.

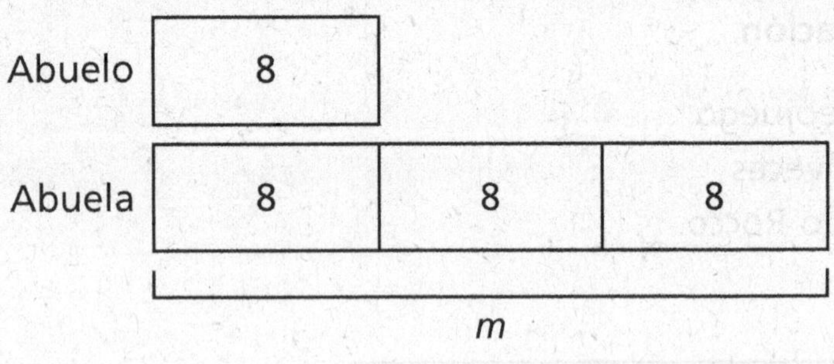

____

____

____

____

____

4-5
Haz la tarea

Nombre ______________________________ Fecha ______________

Escribe y resuelve una ecuación para resolver cada problema. Dibuja barras de comparación cuando lo necesites. *Muestra tu trabajo.*

1. Este año, un negocio tuvo ganancias por $8,040. Esto es 4 veces las ganancias que el tuvo negocio el año pasado. ¿Cuáles fueron las ganancias del año pasado?

   ____

2. En julio, 74,371 personas visitaron un museo de arte. En agosto, 95,595 personas visitaron el museo. ¿Cuántas personas menos visitaron el museo en julio que en agosto?

   ____

3. Drake tiene 36 adhesivos de animales. Brenda tiene 9 adhesivos de animales. ¿Cuántas veces más adhesivos de animales tiene Drake que Brenda?

   ____

4. Un juego es observado por 60 adultos y algunos niños. Si hay 20 adultos más que niños, ¿cuántos niños observan el juego?

   ____

5. Durante el primer período de almuerzo, 54 estudiantes comieron el almuerzo caliente. Esto es 9 estudiantes menos de los que comieron el almuerzo caliente durante el segundo período de almuerzo. ¿Cuántos estudiantes comieron el almuerzo caliente durante el segundo período de almuerzo?

   ____

6. La familia Jenkins viajó 750 millas en carro durante el verano. La familia Palmer viajó 3 veces más millas en carro este verano. ¿Cuántas millas viajó la familia Palmer?

   ____

4-5
Recuerda

Nombre ______________________ Fecha ______

Copia cada ejercicio y alinea las posiciones correctamente. Al terminar, haz las sumas.

1. 11,931 + 3,428
2. 25,422 + 89,360

Dibuja un modelo de rectángulo. Resuelve usando cualquier método que se relacione con el modelo.

3. 3 × 428 ____________
4. 7 × 519 ____________

Escribe y resuelve una ecuación para resolver el problema. Si es necesario, dibuja barras de comparación.

5. Este año Virginia vendió 84 rollos de papel para envolver. Vendió 3 veces más rollos de papel para envolver que el año pasado. ¿Cuántos rollos de papel para envolver vendío Virginia el año pasado?

____

6. **Amplía tu razonamiento** Hay 1,438 niños y 1,196 niñas en una escuela. ¿Cuántas niñas menos que niños hay?

   Escribe la pregunta de comparación para este problema de otra manera. A continuación, escribe y resuelve una ecuación para resolver el problema. Si es necesario, dibuja barras de comparación.

____

____

____

Nombre _______________ Fecha _______________

La siguiente gráfica muestra la cantidad de nieve registrada en cada mes del último invierno. Usa la gráfica para los problemas 1 a 6.

Nevadas el último invierno

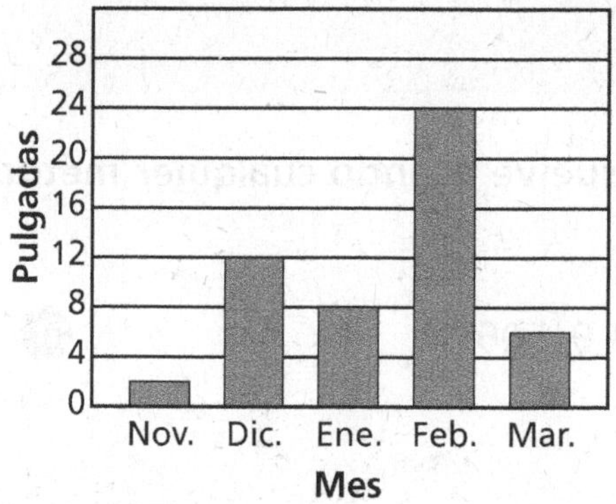

1. ¿Durante qué mes se registraron 12 pulgadas de nieve más que la cantidad de nieve registrada en diciembre?

____

2. ¿Cuántas pulgadas menos de nieve se registraron en marzo que en febrero?

____

3. La cantidad total de nieve que se muestra en la gráfica es 4 veces más que la registrada durante el invierno de 2004. ¿Cuánta nieve se registró durante el invierno de 2004?

____

4. Escribe una ecuación de suma y una ecuación de resta que comparen el número de pulgadas de nieve registradas en diciembre *(d)* con el número de pulgadas de nieve registradas en marzo *(m)*.

____

5. Escribe una ecuación de multiplicación y una ecuación de división que comparen el número de pulgadas de nieve registradas durante noviembre *(n)* con el número de pulgadas de nieve registradas durante enero *(e)*.

____

6. En un hoja aparte, escribe una oración sobre la gráfica que contenga las palabras *veces más.*

4-6
Recuerda

Nombre ______________________ Fecha ______________

Bosqueja un modelo de área para cada ejercicio. Luego halla el producto.

1. 28 × 45 ____________ 2. 53 × 96 ____________

Resuelve usando cualquier método.

3. $9\overline{)506}$ 4. $2\overline{)538}$ 5. $7\overline{)8{,}165}$

Escribe y resuelve una ecuación para resolver cada problema. Si es necesario, dibuja barras de comparación. *Muestra tu trabajo.*

6. Hoy Benjamín recibió 52 correos electrónicos en el trabajo. Esto es 4 veces más correos electrónicos de los que ayer. ¿Cuántos correos electrónicos recibió Benjamín ayer?

____

7. Hay 327 estudiantes de tercer grado en una excursión al museo de historia. Hay 423 estudiantes de cuarto grado en la misma excursión. ¿Cuántos estudiantes de tercer grado menos hay que estudiantes de cuarto grado en la excursión?

____

8. **Amplía tu razonamiento** Observa la gráfica. Tatiana dice que hay 4 dueños de perros más que dueños de peces en la clase. Explica el error de Tatiana. Luego escribe una ecuación que compare el número de dueños de perros con el de los dueños de peces en la clase.

Dueños de mascotas en la clase

Mascota	
Gato	☺ ☺ ☺
Pájaro	☺
Perro	☺ ☺ ☺ ☺ ☺ ☺
Pez	☺ ☺

☺ = 2 estudiantes

____

____

____

Nombre ______________________ Fecha ______________

Usa una ecuación para resolver. *Muestra tu trabajo.*

1. El club de fútbol tiene 127 miembros. El club de béisbol tiene 97 miembros. Ambos clubes se reunirán para debatir sobre un evento de recaudación de fondos. Los miembros se sentarán en mesas de 8 miembros cada una. ¿Cuántas mesas usarán?

   ____

2. Una ferretería paga $3,500 por 42 podadoras de césped. Luego la tienda vende las podadoras de césped a $99 cada una. ¿Qué ganancia obtiene la ferretería por la ventas de las podadoras de césped?

   ____

3. George compra un conjunto de 224 estampillas. Regala 44 estampillas a un amigo. Luego coloca las estampillas restantes en un álbum con 5 estampillas en cada página. ¿Cuántas páginas del álbum llena?

   ____

4. Shane y su familia van al cine y compran 6 entradas a $12 cada una. Luego gastan un total de $31 en palomitas de maíz y bebidas. ¿Cuánto gastaron Shane y su familia en entradas, palomitas de maíz y bebidas en el cine?

   ____

5. El año pasado, 226 personas asistieron a la ceremonia de graduación de la escuela. Este año, la escuela espera 125 personas más que el año pasado. La escuela ha acordado que un furgón transporte a los asistentes del estacionamiento a la ceremonia. Cada furgón lleva 9 personas. ¿Cuántos viajes hará el furgón?

   ____

4-7
Recuerda

Nombre ____________ Fecha ____________

Resuelve cada problema de multiplicación usando cualquier método. Usa el redondeo y la estimación para revisar tu trabajo.

1. 22×58 ________
2. 34×91 ________
3. 63×72 ________
4. 17×56 ________

Resuelve usando cualquier método. Luego comprueba tu respuesta redondeando y estimando.

5. $9\overline{)39}$
6. $4\overline{)168}$
7. $5\overline{)4{,}204}$

La gráfica muestra el número de puntos que Derek anotó durante sus primeros cinco juegos de baloncesto.

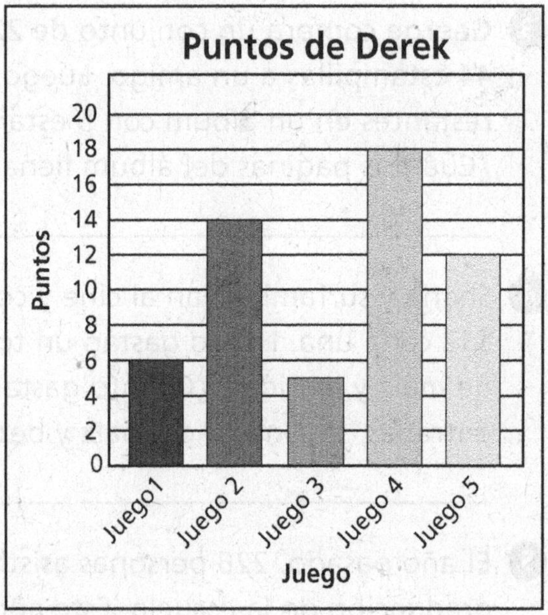

8. Escribe una ecuación de multiplicación y una ecuación de división que comparen el número de puntos que anotó Derek en el juego 1 (x) con el número de puntos que anotó Derek en el juego 4 (y).

____

9. **Amplía tu razonamiento** Habrá 138 personas en una subasta para recaudar de fondos. En cada mesa se sientan 6 personas. Se necesitan 3 mesas adicionales para mostrar los objetos que se subastan. ¿Cuál es el número mínimo de mesas que se necesitan para el evento de recaudación de fondos? ¿Qué ecuación *no* se puede usar para responder esta pregunta? Explica.

$138 \div (6 + 3) = m$　　　$(138 \div 6) + 3 = m$

____

____

____

____

4-8
Haz la tarea

Nombre ______________________ Fecha ______________

Usa una ecuación para resolver. *Muestra tu trabajo.*

1. Rosa y Kate fueron de compras. Kate compró una chaqueta por $45 y botas por $42. Rosa compró jeans por $27, un pulóver por $22 y zapatillas. Ambas gastaron exactamente la misma cantidad de dinero. ¿Cuánto costaron las zapatillas de Rosa?

____

2. Kyle trabaja en una panadería los fines de semana. Los sábados, necesita preparar 120 pastelitos. Cada receta es para 8 pastelitos y exige 2 tazas de harina. El domingo, necesita hornear una gran bandeja de galletitas que exige 6 tazas de harina. ¿Cuántas tazas de harina usará Kyle para hornear los pastelitos y las galletitas?

____

3. Una fábrica de juguetes hizo 715 osos de peluche pequeños y los empacó en cajas de 5 osos en cada caja. Luego hizo 693 osos de peluche grandes y los empacó en cajas de 3 osos cada una. Todas las cajas de osos pequeños y grandes se cargaron en un camión de reparto. ¿Cuántas cajas se cargaron en el camión?

____

4. El último verano, Chris fue a Europa y compró tarjetas postales de las ciudades que visitó. En Francia, visitó 6 ciudades y compró 11 tarjetas postales en cada ciudad. En Italia, visitó 7 ciudades y compró 9 postales en cada ciudad. En España, visitó 10 ciudades y compró 15 postales en cada ciudad. ¿Cuántas tarjetas postales compró Chris en Europa?

____

5. Tres grupos de cuarto grado fueron a ver una obra. Por cada clase asistieron 19 estudiantes y 2 adultos. Las filas del teatro tenían 9 asientos cada una. ¿Cuántas filas ocuparon las clases de cuarto grado y los adultos en el teatro?

____

Nombre Fecha

Suma o resta.

1. 9,000
   − 5,613

2. 317,492
   + 36,057

3. 659,741
   − 652,438

Resuelve. Luego explica el significado del residuo.

4. Jessica necesita hornear 50 pastelitos. Su bandeja para hornear contiene 12 pastelitos. ¿Cuántas rondas de horneado deberá hacer?

Usa una ecuación para resolver. *Muestra tu trabajo.*

5. En la feria, Hannah compró para su familia 5 perros calientes por $3 cada uno y una jarra de limonada por $6. ¿Cuánto dinero gastó en total?

6. Reggie conserva 7 de sus 31 animales de peluche y reparte el resto de su colección en partes iguales entre sus 3 hermanas menores. ¿Cuántos animales de peluche recibe cada hermana?

7. **Amplía tu razonamiento** Escribe un problema usando la ecuación ($60 + $3 – $15) ÷ $4 = s. Luego resuelve la ecuación para resolver el problema.

4-9
Haz la tarea

Nombre ____________ Fecha ____________

Resuelve cada problema.

1. $5 \times 7 + 9 = t$

   ____

2. $9 \times (1 + 3) = m$

   ____

3. $7 - 2 \times 2 = k$

   ____

4. $(7 \times 2) + (4 \times 9) = w$

   ____

5. $(7 - 2) \times (3 + 2) = r$

   ____

6. $8 \times (12 - 7) = v$

   ____

7. Whitney y Georgia están en una cafetería comprando alimentos para su familia. Los sándwiches cuestan $4 cada uno. Las ensaladas cuestan $2 cada una. ¿Cuánto dinero les costará comprar 5 sándwiches y 7 ensaladas?

   ____

8. Lisa coloca tulipanes y rosas en floreros. Cada florero tiene 12 flores. El florero rojo tiene 7 tulipanes. El florero azul tiene dos veces más rosas que el florero rojo. ¿Cuántas rosas hay en el florero azul?

   ____

9. Pam tiene 9 bolsas de manzanas. Cada bolsa contiene 6 manzanas. Hay 3 bolsas de manzanas rojas y 1 bolsa de manzanas verdes. El resto de las bolsas contienen manzanas amarillas. ¿Cuántas más manzanas amarillas que manzanas rojas hay?

   ____

10. Clay trabaja en una granja. Empacó huevos en recipientes que contienen 1 docena de huevos cada uno. Llenó 4 recipientes con huevos blancos y 5 recipientes con huevos marrones. ¿Cuántos huevos recolectó Clay? Pista: una docena de huevos = 12 huevos

   ____

Nombre ____________________ Fecha ____________________

Resta. Muestra tus nuevos grupos.

1. 3,146 − 1,960

2. 7,504 − 2,738

3. 6,000 − 5,241

Resuelve usando cualquier método y muestra tu trabajo. Usa estimaciones para revisar tu trabajo.

4. 23 × 88 ____________

5. 71 × 49 ____________

6. 62 × 67 ____________

7. 15 × 38 ____________

Usa una ecuación para resolver.

8. Un libro de audio está compuesto por 8 CDs. Cada uno de los primeros 7 CDs es de 42 minutos de duración y el último CD es de 26 minutos de duración. Mark planea escuchar la misma cantidad de minutos del libro por 8 días. ¿Cuántos minutos por día escuchará Mark el libro de audio?

____

9. **Amplía tu razonamiento** Un cartel muestra el precio por libra de varios alimentos al por mayor. Usa la información para escribir un problema que requiera al menos 3 pasos para que se pueda resolver. Al terminar, resuelve tu problema.

Alimento	Costo de los alimentos por libra
mezcla de nueces	$5
frutos secos	$3
mezcla de bocadillos	$7
arroz salvaje	$2
lentejas rojas	$4

____

____

____

____

____

____

____

4-10
Haz la tarea

Nombre ____________ Fecha ____________

Enumera todos los pares de factores para cada número.

1. 49 ____________
2. 71 ____________
3. 18 ____________
4. 57 ____________

Escribe si el número es *primo* o *compuesto*.

5. 50 ____________
6. 29 ____________
7. 81 ____________
8. 95 ____________
9. 19 ____________
10. 54 ____________

Indica si 6 es un factor de cada número. Escribe *sí* o *no*.

11. 6 ____________
12. 80 ____________
13. 36 ____________
14. 72 ____________

Indica si cada número es múltiplo de 8. Escribe *sí* o *no*.

15. 64 ____________
16. 32 ____________
17. 88 ____________
18. 18 ____________

Usa la regla para completar el patrón.

19. Regla: contar en secuencia de 11 en 11

 11, 22, ______, ______, 55, ______, ______, 88, 99

20. Regla: contar en secuencia de 9 en 9

 9, ______, 27, ______, 45, ______, 63, ______, 81, ______

21. Regla: contar en secuencia de 8 en 8

 8, 16, 24, ______, ______, ______, ______, 64, 72, ______

4-10
Recuerda

Nombre ______________________ Fecha ______________

Dibuja un modelo de rectángulo. Resuelve usando cualquier método que se relacione con el modelo.

1. $8 \times 1{,}593$ ______________

2. $3 \times 6{,}247$ ______________

Usa la operación o la combinación de operaciones correcta para resolver el problema.

3. Melina tiene 4 láminas de adhesivos de caras graciosas con 24 adhesivos en cada lámina. Melina recorta cada adhesivo de forma individual de la lámina. Luego divide los adhesivos en 3 pilas con la misma cantidad para dar a sus amigos. ¿Cuántos adhesivos hay en cada pila?

____

Resuelve.

4. $5 \times 4 + 7 = g$ ______________

5. $(3 \times 7) + (2 \times 10) = h$ ______________

6. $16 - (5 \times 3) = m$ ______________

7. $(9 - 3) \times (2 + 7) = l$ ______________

8. $(12 - 8) + (3 \times 3) = p$ ______________

9. $(24 \div 4) + 19 = t$ ______________

10. **Amplía tu razonamiento** Usa *primo* o *compuesto* para completar la oración. Luego explica tu elección. Todos los números pares mayores que 2 son ______________.

____

____

____

____

____

Nombre ____________________ Fecha ____________

Usa la regla para hallar los tres términos siguientes del patrón.

1. 2, 6, 18, 54, ...

   Regla: multiplicar por 3

   ____

2. 115, 145, 175, 205, 235, ...

   Regla: suma 30

   ____

Usa la regla para hallar los primeros diez términos del patrón.

3. Primer término: 12 Regla: sumar 25

   ____

Haz una tabla para resolver.

4. Jay ahorra $2 en junio, $4 en julio, $6 en agosto y $8 en septiembre. Si el patrón continúa, ¿cuánto dinero ahorrará Jay en diciembre?

   ____

Describe el término siguiente de cada patrón.

5. 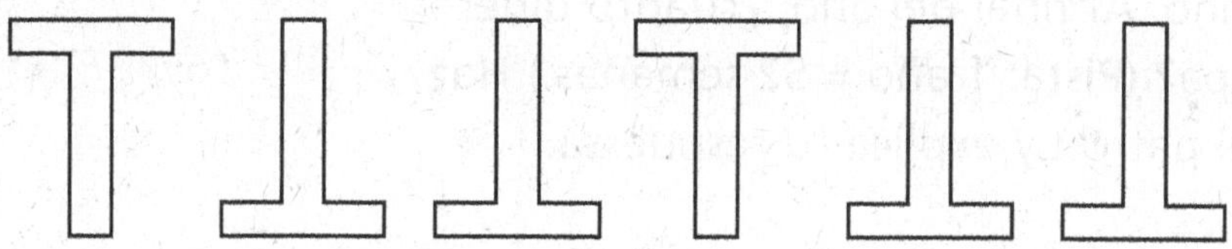

   ____

6. 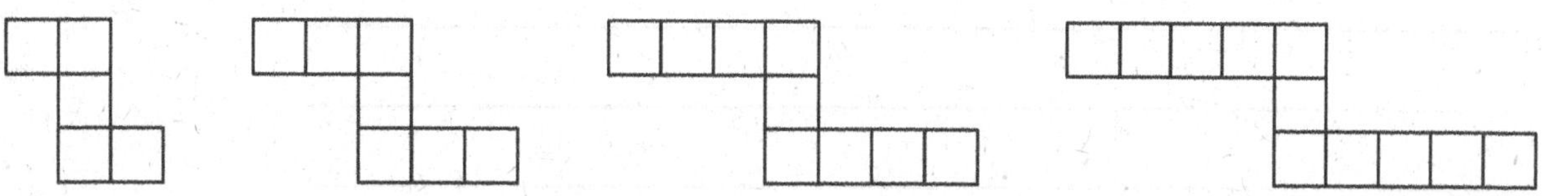

   ____

   ____

Nombre ____________________ Fecha ____________

Resta.

1. 491,562
   − 208,723

2. 392,119
   − 48,319

Resuelve.

Muestra tu trabajo.

3. Sid desempaca 8 cartones de clips. Cada cartón contiene 3,500 clips. ¿Cuántos clips hay en total?

____

4. Camille desempaca 102 cajas de bolígrafos rojos y 155 cajas de bolígrafos azules. Cada caja contiene 8 bolígrafos. ¿Cuántos bolígrafos desempaca en total?

____

Enumera todos los pares de factores de cada número.

5. 55 ____________________

6. 14 ____________________

7. **Amplía tu razonamiento** Durante la primera semana del año, el papá de Angelina le da $10 y dice que le dará $10 más cada semana por el resto del año. Al final del año, ¿cuánto dinero recibe Angelina de su papá? (Pista: 1 año = 52 semanas.) Haz una tabla para mostrar el patrón y explica tu respuesta.

____

____

____

____

____

Nombre ______________________ Fecha ____________

1. Diseña un patrón para la vasija que cumpla con las siguientes condiciones.

- Se usan al menos tres figuras diferentes.
- El patrón comienza con un cuadrado o un círculo.
- El patrón se repite al menos dos veces.
- Se usan al menos dos colores diferentes.

2. Describe tu patrón.

____

____

3. Imagina que 184 estudiantes de la escuela media Wilson completaron está página en casa. Si cada estudiante dibuja 9 figuras en su vasija, ¿cuántas figuras se dibujan en total?

____

4-12
Recuerda

Nombre ____________________ Fecha ____________

Suma o resta.

1. $\begin{array}{r} 8{,}500 \\ -\ 1{,}265 \\ \hline \end{array}$

2. $\begin{array}{r} 24{,}187 \\ -\ 14{,}856 \\ \hline \end{array}$

3. $\begin{array}{r} 683{,}519 \\ +\ 292{,}744 \\ \hline \end{array}$

Resuelve usando cualquier método y muestra tu trabajo. Comprueba tu trabajo con la estimación.

4. $\begin{array}{r} 19 \\ \times\ 82 \\ \hline \end{array}$

5. $\begin{array}{r} 649 \\ \times\ \ \ 3 \\ \hline \end{array}$

6. $\begin{array}{r} 2{,}934 \\ \times\ \ \ \ \ 8 \\ \hline \end{array}$

Usa la regla para hallar los siguientes cinco términos en el patrón.

7. 3, 6, 12, 24, ...
   Regla: multiplicar por 2
   ____

8. 25, 60, 95, 130, ...
   Regla: sumar 35
   ____

Usa la regla para hallar los primeros diez términos en el patrón.

9. Primer término: 18 Regla: sumar 12
   ____

10. **Amplía tu razonamiento** Para un intercambio de galletas, Kaiya hornea 2 bandejas con 12 galletas con chispas de chocolate en cada una, 3 bandejas con 16 galletas de limón en cada una y 4 bandejas con 10 galletas con mantequilla de maní en cada una. Divide las galletas en 8 tarros, con un número igual de cada tipo de galleta en cada tarro. ¿Cuántas de cada tipo de galleta habrá en cada tarro? ¿Cuántas galletas habrá en cada tarro en total? Explica.
    ____
    ____
    ____
    ____